数字金融消费者权益保护 实践与探索

（2020）

中国互联网金融协会金融消费权益保护
与教育培训专委会　著

中国金融出版社

责任编辑：王雪珂

责任校对：孙　蕊

责任印制：陈晓川

图书在版编目（CIP）数据

数字金融消费者权益保护实践与探索.2020 / 中国互联网金融协会金融消费权益保护与教育培训专委会著.—北京：中国金融出版社，2020.12

ISBN 978 - 7 - 5220 - 0948 - 3

Ⅰ.①数… Ⅱ.①中… Ⅲ.①金融投资 — 投资者 — 法律保护 — 研究 — 中国 — 2020 Ⅳ.①D922.280.4

中国版本图书馆CIP数据核字（2020）第 252443 号

数字金融消费者权益保护实践与探索（2020）

SHUZI JINRONG XIAOFEIZHE QUANYI BAOHU SHIJIAN YU TANSUO（2020）

出版
发行　　中国金融出版社

社址　北京市丰台区益泽路2号

市场开发部　　（010）66024766，63805472，63439533（传真）

网 上 书 店　http://www.chinafph.com

　　　　　　　（010）66024766，63372837（传真）

读者服务部　　（010）66070833，62568380

邮编　100071

经销　新华书店

印刷　北京市松源印刷有限公司

尺寸　169毫米×239毫米

印张　13.25

字数　196千

版次　2021年1月第1版

印次　2021年1月第1次印刷

定价　89.00元

ISBN 978 - 7 - 5220 - 0948 - 3

如出现印装错误本社负责调换　联系电话（010）63263947

《数字金融消费者权益保护实践与探索（2020）》
主要参与者

编写指导委员会

主 任 委 员：李东荣

副主任委员：初本德　尹优平　李建敏　汪　航　李　倩

委　　　员：（按姓氏笔画为序）

叶大清　陈　颉　陈　彤　李海波　张　超　郑　霞

季　元　季海楠　钟楼鹤　黄　萍　章　曦　蓝烈华

虞磊珉

编写组成员单位：（按公司名称拼音为序）

百融云创科技股份有限公司

北京融世纪信息技术有限公司

北京市金杜律师事务所

北京字节跳动科技有限公司

杭州恩牛网络技术有限公司

华夏银行股份有限公司

蚂蚁科技集团股份有限公司

平安证券股份有限公司

上海数禾信息科技有限公司

深圳市腾讯计算机系统有限公司

易方达基金管理有限公司

众安在线财产保险有限公司

编写组成员：（按姓氏笔画为序）

尹文诚　王　欢　付慎一　孙美芳　肖　坤　张学毅

张雨蒙　李万赋　杨　帆　郝　韬　徐　颖　曹　慧

虞琛平　雷雨田

案例支持单位：（按案例出现先后为序）

蚂蚁科技集团股份有限公司

深圳市腾讯计算机系统有限公司

通联支付网络服务股份有限公司

银联商务股份有限公司

拉卡拉支付股份有限公司

南昌随行付网络小额贷款有限公司

北京玖富普惠信息技术有限公司

恒诚科技发展（北京）有限公司

中国工商银行股份有限公司

平安银行股份有限公司

平安证券股份有限公司

国金证券股份有限公司

中国太平保险集团有限责任公司

平安养老保险股份有限公司

中国平安财产保险股份有限公司

农银人寿保险股份有限公司

易方达基金管理有限公司

马上消费金融股份有限公司

深圳市分期乐网络科技有限公司

捷信消费金融有限公司

中航信托股份有限公司

北京融世纪信息技术有限公司

北京智融时代信息技术有限公司

深圳萨摩耶数字科技有限公司

京东数字科技控股有限公司

上海小米金融信息服务有限公司

北京新浪互联信息服务有限公司

序言一

做好数字金融消费权益保护需久久为功

当前，世界正处于百年未有之大变局，人工智能、大数据、云计算、区块链等新一代数字技术正深刻地改变着经济社会各领域，移动支付、互联网贷款、互联网证券、网络保险、网络理财等数字金融服务亦相插上科技的翅膀"飞入寻常百姓家"。在经济金融数字化转型按下快进键的时代背景下，加强数字金融消费权益保护工作，是贯彻落实以人民为中心的发展思想的必然要求，是促进数字金融行业规范健康可持续发展的迫切需要，对建设现代金融体系、维护金融安全与稳定、促进金融公平与包容性增长具有重要的现实意义。

近年来，金融管理部门、行业自律组织和广大从业机构围绕数字金融消费权益保护开展了大量实践探索，取得了积极成效。《关于促进互联网金融健康发展的指导意见》《金融科技（FinTech）发展规划（2019—2021年）》等数字金融领域有关政策文件均将保护金融消费者合法权益作为行业发展的重要原则，互联网支付、互联网贷款、互联网保险等数字金融主要业态监管规定结合业务特征，明确了数字金融消费权益保护的工作规则和具体措施。中国互联网金融协会作为国家级行业自律组织，专门成立金融消费权益保护与教育培训专委会，并依托互联网金融登记披露、移动金融APP备案、举报受理、风险监测、标准研制、金融知识普及和风险教育等行业自律管理工作，助力提升数字金融消费权益保护水平。部分从业机构将保护金融消费者合法权益纳入公司治理和经营发展战略，完善金融消费者保护内部工作机制，加强消费者适当性管理，帮助消费者提高数字金融风险识别能力及自我保护能力。

尽管取得了较大进展，我们还要清醒地看到，与数字金融创新深度和发展速度相比，我国数字金融消费权益保护工作还面临着一些现实困难和挑战。比如，数字金融消费权益保护领域有关制度规范文件的原则性规定较多，有待进一步细化完善并逐步提高立法层级和效力；数字金融服务的长尾人群在金融素养和风险意识方面还有待加强，"决策自主、风险自担、收益自享"的理性投资理念尚未完全形成；部分从业机构存在消费者保护意识不强、相关内部管理和工作机制不健全、数字金融服务行为不规范等问题；数字金融领域消费者维权渠道有待进一步丰富，线上线下相结合的多元化纠纷处理解决机制有待建立完善。

　　道阻且长，行则将至。做好数字金融消费权益保护是一项长期复杂的系统工程，也是一项关乎广大人民群众切身利益的民心工程，需要包括政府、市场、社会多方协力、科学施策、久久为功。我欣喜地看到，中国互联网金融协会金融消费权益保护与教育培训专委会在初本德主任委员的带领下，以高度的社会责任感和使命感，牵头组织蚂蚁集团、字节跳动、腾讯、融360、平安证券等20余家从业机构，深入开展《数字金融消费者权益保护实践与探索》课题研究，形成了一份逻辑清晰、观点明确、案例丰富、建议可行的高质量报告，相信这份报告能够给金融管理部门、从业机构和广大数字金融消费者带来很多启发和助益。当然，数字金融行业仍在不断发展成熟过程中，数字金融消费权益保护工作依然任重而道远。我衷心希望能有更多有识之士参与到数字金融消费权益保护这项具有重要现实意义和社会价值的工作中，携手前行，共同努力，不断提升人民群众对数字金融服务的获得感和满意度。

　　是为序。

中国互联网金融协会会长

序言二

数字金融消费者权益保护的实践与探索

2008年国际金融危机后，金融消费者权益保护与行为监管日益成为全球金融监管改革的重要内容，越来越多的国家和国际组织开始从法律规则、监管框架、系统建设等多方面强化对金融消费者的保护，加强对金融从业机构的行为监管。与此同时，以大数据、云计算、人工智能为代表的第四次科技浪潮与金融业深度融合，互相推动，催生了"数字金融"的巨大社会生产力，深刻改变着人们的日常生活与工作。在行业如火如荼的发展壮大之际，正如《国务院办公厅关于加强金融消费者权益保护工作的指导意见》中所明确的，"金融消费者是金融市场的重要参与者，也是金融业持续健康发展的推动者。加强金融消费者权益保护工作，是防范和化解金融风险的重要内容，对提升金融消费者信心、维护金融安全与稳定、促进社会公平正义和社会和谐具有积极意义。"加强数字金融消费者保护的实践与探索是确保"数字金融"这一创新产业持续繁荣的重要基础。

目前，我国法律及政策层面尚未对"数字金融"作出明确的界定，但与数字金融紧密联系的互联网金融、金融科技等概念已经在相关政策文件中出现。其中，"互联网金融"的概念诞生最早。中国人民银行等十部门曾在其2015年发布的《关于促进互联网金融健康发展的指导意见》中将"互联网金融"界定为"传统金融机构与互联网企业利用互联网技术和信息通信技术实现资金融通、支付、投资和信息中介服务的新型金融业务模式"。国内市场中的互联网金融，既包括传统金融机构运用互联网技术在现有业务的基础上积极创新开发出的新产品、新服务，也包括互联网企业运用互联网技术进行的一系列金融运作。从中不难看出，互联网金融实质上是在现有金融行业形态的基础上，引入互联网技术，从而创新出与互联网技术相结合的产品和业务模式。而"金融科技"的概念则更偏重技术属性，是对金融领域底层技术运用的拓宽、加深。除了互联网技术，大数据、云计算、深度学习、人工智能、区块链等底层技术的出现为金融行业提供了更加准确的风控服务、更加人性化的消费服务以及更加新型和智能的金融产品。

综上所述，我们可以将"数字金融"理解为金融活动的数字化、智能化，即传统金融服务与互联网、移动通信、人工智能、区块链等信息数字技术相结合而形成的新一代金融业务模式。相比较而言，"数字金融"的概念更为中性，在金融属性与技术属性之间达到了有效的平衡，涵盖范围也更加广泛，可以将前述范畴悉数囊括。

业界通常将2013年"余额宝"功能的上线视为中国数字金融发展的元年。近年来，国内数字金融发展迅速，品类繁多，在支付结算、贷款融资、投资管理和市场配置等领域全面开花。到如今，我国的数字金融已经能在全球占有一席之地，根据2018年底毕马威与H2 Ventures联合发布的全球金融科技企业100强排名，前10大企业中有4家都是中国企业，涵盖了第三方支付、消费金融、互联网金融资产交易等领域。

依据经营主体的业务场景和经营特色，我们可以对现有的数字金融模式作出进一步的划分，包括：（1）以传统金融机构为主导的金融机构类数字金融模式（如工商银行推出的"融e借"产品等）；（2）以电商服务平台为主导的电商类数字金融模式（如蚂蚁金服推出的"支付宝""花呗"等）；（3）以电信行业运营商为主导的运营商数字金融模式（如中国电信创立的支付品牌"翼支付"，以及"甜橙金融"等）；（4）以社交网络平台为主导的社交类数字金融模式（如腾讯公司相继推出的"QQ钱包"和"微信支付"等）；（5）以网络搜索平台为主导的搜索类数字金融模式（如"度小满金融"）等。

综合来看，数字金融的快速发展是建立在各类金融业务场景、庞大的流量数据，以及不断创新进步的数字技术之上的，能够有效提升消费者体验，为更多的消费者提供更多元的金融产品及服务，从而也进一步推动了普惠金融的快速发展。

数字金融为广大消费者带来极大便利的同时，也存在诸如提供金融产品与服务的行为不规范，合规经营意识不足，消费纠纷频发；消费者自身权益保护意识不强、识别风险能力亟待提高等问题。由于数字金融与生俱来的技术特质，在与金融行业深度整合的过程中，经历了特殊的行业发展轨迹，作为数字金融从业机构在落实金融消费者权益保护的监管要求方面现状如何？遇到哪些问题或瓶颈？数字金融的广大消费者最关心的问题是什么？痛点又在哪里？已经成为维护和推动行业持续健康稳健发展所必须回答好的实践课题。

2019年4月，中国互联网金融协会金融消费权益保护与教育培训专委会成立，针对"数字金融领域消费者权益保护的实践与探索"课题，成立了由行业从业人员组成的课题组，召集行业企业开展为期3个月的调研与访谈，通过问卷调研、会员投稿等方式，调查和了解协会会员中116家数字金融从业企业关于消费者权益保护中的实际做法，行业范围涉及银行、保险、证券、第三方支付、网贷、金融科技等多个业态。同时，通过支付宝、今日头条、微信渠道面向广大数字金融的消费者开展问卷调研，实际收回有效问卷12900余份，有针对性地了解金融消费者对涉及自身权益相关的看法与做法。

此外，通过代表性企业投稿的方式，重点围绕金融消费者的安全权、知情权、公平权、自主选择权、受尊重权、受教育权与企业在数据安全、隐私保护、智能算法等热点领域，探讨了所面临的挑战与建设性意见，收录了部分从业企业开展消费者权益保护工作的具体案例，以期对数字金融从业人员创造性地开展消费者权益保护工作起到"抛砖引玉"的作用。

本书是全由行业从业人员编写的关于数字金融消费者权益保护工作的专题性著作，由于数字金融行业发展日新月异，消费者权益保护工作还在不断的探索与发展阶段，从业人员囿于时间和精力与水平视野有限等问题，发表的见解与观点难免出现错误与疏漏，敬请各界有识之士广泛批评指正，共同为金融消费者权益保护事业贡献力量。

金融消费权益保护与教育培训专委会主任委员

目　录

第一章

数字金融消费者权益保护工作现状调研分析

为了解数字金融行业消费者权益保护工作的现状，中国互联网金融协会于2019年10月至11月对116家从事数字金融相关业务的从业机构的金融消费者权益保护工作实践进行了调研，调研内容涉及从业机构消费者权益保护组织建设与制度建设、数字金融产品和服务信息披露、数字金融消费者个人信息的收集和使用、金融产品和服务的风险评估、数字金融营销宣传、数字金融产品和服务外包供应商管理、数字金融消费者的投诉与纠纷解决、在线贷款产品的催收、数字金融消费者权益保护宣传教育工作等方面。调研反馈样本的基本情况如下：

调研反馈样本的业态分布

本次调研问卷投放396份，反馈116份，样本机构分布在19个业态，包含网络借贷、非银行支付机构、技术服务机构、银行机构、小额贷款公司、证券公司、基金公司、期货公司、助贷服务机构、导流服务机构等。其中，500人以上的公司规模占比67%，500人以下的公司规模占比37%。其中，有107家机构反馈了本机构金融消费权益保护工作从业人数的情况。

调研反馈结果显示，调研反馈样本企业金融消费者权益保护工作从业人数为7121人，约占调研机构从业总人数的4%。其中，金融消费者权益保护工作从业人数在5人以下的机构有40家，占比为37.38%，平均从业人数为3人；从业人数在6~10人的机构有13家，占比为12.15%，平均从业人数为8人；从业人数在11~20人的机构有17家，占比为15.89%，平均从业人数为18人；从业人数在21~30人的机构有6家，占比为5.61%，平均从业人数为28人；从业人数在31~40人的机构有4家，占比为3.74%，平均从业人数为36人；从业人数在41~50人的机构有5家，占比为4.67%，平均从业人数为49人；从业人数在51~60人的机构有3家，占比为2.80%，平均从业人数为56人；从业人数在61~100人的机构有5家，占比为4.67%，平均从业人数为85人；从业人数在101~200人的机构有7家，占比为6.54%，平均从业人数为137人；从业人数在201~500人的机构有5家，占比为4.67%，平均从业人数为380人；从业人数在501人以上的机构有2家，占比为1.87%，平均从业人数为1380人。

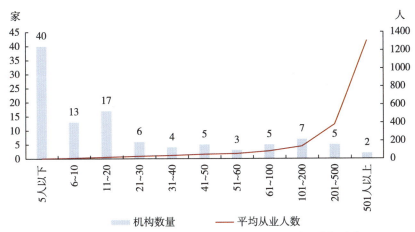

图 1-1　机构数量与金融消费者权益保护相关从业人数分布

第一节　数字金融从业机构消费者权益保护组织建设与制度建设

在金融监管部门的规范引导和行业自律组织的积极倡导下，数字金融经营者越来越重视加强金融消费者权益保护工作的内部机制建设，在组织机构和岗位职责设置、制度建设、内部培训等方面逐步采取了有针对性的制度安排。

一、基本情况

（一）组织机构

通过对组织机构、岗位、人员的设置，绝大多数机构已经建立了金融消费者权益保护工作的内部沟通、协调、处置、预防机制，支持金融消费者权益保护工作的有效开展。据调查，已有近80%的经营者设立了金融消费者权益保护部门、投诉处理部门或明确的牵头部门，其中46.6%的经营者设有独立的金融消费者权益保护部门或投诉处理部门，30.2%的经营者虽然没有独立的金融消费者权益保护部门，但指定了明确的牵头部门（主要是合规、法律事务或客户服务部门）开展金融消费者权益保护工作。另外，有23.3%的被调查机构设有独立的个人金融信息保护部门或有明确的牵头部门。

（二）岗位职责

金融消费者权益保护部门（或岗位）在经营中的作用不断提升，岗位功能由纯粹的事后处理逐渐前移，进一步参与到事前决策和事中控制环节。据调查，约60%的金融机构消费者权益保护从业人员参与本机构金融产品和服务入市前的审核工作（58.6%）及营销推广方案和内容的制定或审核工作（56.9%），约40%的金融机构消费者权益保护从业人员参与金融产品和服务的设计和开发工作（39.7%）；对于金融消费者意见比较集中的金融产品和服务，53.4%的金融机构在调整规则时会听取金融消费者权益保护部门或人员的意见。

（三）制度建设

大多数机构都制定了统一或专门的金融消费者权益保护制度，内容覆盖全面，并根据监管部门的要求和业务需求，对相关制度进行动态更新完善，主要规定也通过多种渠道向消费者进行披露。据调查，近60%的机构建立了金融消费者权益保护制度体系，包括工作规则、行为规范、标准等各项配套措施（57.8%）；其余机构的消费者权益保护相关规定分别在投诉接待、案件调查、纠纷处理、差错处理、赔付处理等专项制度中予以体现（68.1%）；90%的机构制定并执行了客户身份识别、客户身份资料和交易记录保存制度（89.7%）；85%的机构制定并执行了与金融消费者权益保护相关的信息披露制度（84.5%）；80%的机构制定并执行了大额和可疑交易报告制度和反欺诈制度；70%的机构近一年内根据监管部门的要求和业务实际，对金融消费者权益保护相关制度进行了更新完善（67.2%）；近50%的机构将金融消费者权益保护的主要规定通过公司官网、APP等进行披露，便于客户知晓和查询（46.6%）。

（四）内部培训

大多数机构重视对内部员工进行金融消费者权益保护培训，除了在新员工、关键岗位员工岗前培训中增加金融消费者权益保护内容外，每年还专门开展金融消费者权益保护专题培训。据调查，75.0%的机构对于接触个人金融信息的岗位的新员工，上岗前要开展个人金融信息保护专题教育和培训（岗前培训）；80%的机构对业务经办人员强调，在向用户介绍金融产品和服务时，应全面、准确、清楚地表达，防止对金融消费者产生误导（80.2%）；近70%的机构在最近一年里在公司内部开展过金融消费者权益保护培训（68.1%）。

二、存在的不足

（一）重视程度有待提高，保障机制有待健全

调研显示，目前依然有超过20%的被调查机构没有明确的消费者权益保护工作牵头部门；设立独立的个人金融信息保护部门的机构占比不高；12.9%的被调查机构尚未设置金融消费者权益保护专岗，没有专人从事金融消费者权益保护工作；30%左右的受访机构金融消费者权益保护制度机制尚不健全。经费

保障机制也有待提升，42.2%的机构没有单独的经费预算，费用由牵头部门归口开支，34.5%的机构金融消费者权益保护工作相关费用支出一事一议，仅有26.7%的机构每年有单独的金融消费者权益保护工作经费预算。数字金融产品迭代快，类型多，如果机制保障不健全，人员经费配备不足，势必影响消保工作质效，也从侧面反映了从业企业对消保工作的重视程度有待进一步提升。

（二）全流程管控尚未完成，内控有待完善

据调查，在30.2%的机构中，金融消费者权益保护人员只是了解金融产品和服务的设计、开发、上市等事项的进展，但不参与事前审议，介入决策的程度有限。有6.0%的机构表示金融消费者权益保护部门或人员对金融产品和服务的更新情况了解相对滞后。消费者权益保护工作对产品与服务并未形成"问题/信息反馈→产品/服务质量提升"的闭环管理，能够覆盖产品与服务生命周期的全流程管控体系尚未建立。

（三）员工培训覆盖程度有待提升

据调查，目前仍有8.6%的被调查机构没有开展金融消费者权益保护专项培训，风险意识与管控能力亟待提高。深入开展员工消保专题培训是提升全员的消保工作意识和技能水平的有效抓手，依靠员工自学或遇到问题再临时组织学习不利于形成良好的消保工作文化氛围。

第二节　数字金融产品和服务信息披露

对公司情况、金融产品和服务相关信息进行披露是保障金融消费者知情权的基础所在。金融消费者有权在购买金融产品或接受金融服务时，及时获得真实、准确和全面的信息，有权了解产品或服务提供主体的基本情况和联系方式、产品或服务的数量和质量、价款或费用、履行期限和方式、安全注意事项和风险警示、售后服务、民事责任等可能影响其决策的信息，以便做出更适当的决策。我们针对从业机构信息披露情况进行了调研。

一、基本情况

（一）对外联系和披露信息的渠道

官方网站是被调查机构对外联系、信息披露的主要渠道和平台，有91.4%的被调查机构将本机构的官方网站作为对外联系、宣传教育、信息披露的渠道。随着移动互联网应用的深入人心，移动端平台正在发挥越来越重要的信息交流和沟通功能。据调查，75.9%的机构通过微信平台进行对外沟通交流和信息披露，70%以上的机构使用APP客户端或客服电话进行外联。随着短视频应用的兴起，10%的机构已经开始通过抖音短视频等平台开展宣传教育和信息披露。

但是也应看到，由于电话在双向沟通交流的信息量、效率和应用门槛低等方面依然具有显著优势，因此，客服电话依然是经营者与客户之间最直接、最常用的渠道。据调查，有93.1%的数字金融经营者反映客户主要通过客服电话与其联系反映问题，另外有38.8%的经营者反映客户会到经营者现场进行咨询或沟通协商。

（二）披露信息主要涉及的领域

根据制度要求和业务形态，数字金融经营者进行信息披露的主要领域包括机构主体信息、联系方式、业务资质、金融产品信息等。据调查，93.1%的被调查机构会公开披露本机构的工商注册信息，85%以上的机构会公开披露经营地址和联系方式、董事监事高级管理人员信息、股东信息、客服与投诉受理途径，79.3%的机构会披露金融产品的风险提示信息，逾70%的机构会披露组织架构、经营信息、财务信息，62.1%的机构会披露本机构所具备的电信业务经营资质、金融业务经营资质等资质性信息，46.6%的机构会披露金融产品的备案信息。

（三）金融产品或服务的具体披露信息

具体到金融产品或服务，披露的内容主要是：

1. 金融产品和服务的权利、义务、法律关系的披露情况

据调查，约90%的被调查机构会公开披露金融产品和服务的权利、义务、法律关系等方面的内容。具体而言，88.8%的机构会披露用户对该金融产品和服务的责任、权利、义务法律关系，87.9%的机构会披露本机构对该金融产品和服务的责任、权利、义务及法律关系，87.1%的机构会披露用户应当承担的费用、违约金以及金额、支付时点、支付方式。

2. 金融产品和服务的核心要素披露情况

据调查，80%的被调查机构会公开披露金融产品和服务的核心要素。具体而言，80.2%的机构会公开披露金融产品和服务的提供主体，78.4%的机构会主动披露因购买或使用金融产品或服务发生纠纷的处理和投诉途径，76.7%的机构会披露金融产品和服务的名称、类型、特性、利率、收益、费用、潜在风险、时间期限。

3. 金融产品和服务的保障机制和优惠权益获取条件的披露情况

据调查，三分之二（66.4%）的机构会披露所提供的产品和服务是否享有国家存款保险或者其他保障机制等保障，63.8%的机构会披露用户购买或使用金融产品和服务所享有的优惠权益以及获得权益的条件。

（四）以显著方式披露可能影响决策事项的信息披露情况

关于金融产品和服务的费用、风险、义务、附加条件等可能影响金融消费者决策的事项是否以显著方式向用户提示，我们的调研显示：

在金融监管部门的制度规定和引导下，绝大多数数字金融经营者都已经采

取不同方式对可能影响消费者决策的关键信息进行显著性提示。进行显著性提示的主要形式有：对关键文字信息增加特殊标识、加黑字体、增大字号、使用醒目的字体或颜色、采取弹窗提示或计时阅读等强制阅读措施等。在调查中，70%的被调查机构反映，在披露金融产品和服务的费用、风险、义务、附加条件等可能影响金融消费者决策的事项时已经采用了显著方式。20%的机构曾存在对上述关键事项未采用显著方式的情况，但目前已调整。

以显著方式向消费者提示的主要内容包括风险警示、个人信息确认或授权、金融产品的收益、收费的方式、对消费者的限制性条款等。据调查，81.9%的机构会以显著方式提示金融产品和服务的风险警示、违约后果信息；75.0%的机构会以显著方式提示个人身份信息的使用授权、金融产品或服务收费（收取规则、金额、方式）、金融产品和服务的免责条款；约70%的机构会以显著方式提示金融产品和服务的属性、金融产品和服务的提供主体、金融产品的利率或收益、个人身份信息的确认、个人账户（银行账户、支付账户）信息确认、金融产品和服务时间方面的约定；56%~60%的机构会以显著方式提示金融交易信息的确认、个人金融风险承受能力评估等级信息、对用户的限制性条款信息；50%左右的机构会以显著方式请消费者确认个人财产方面的信息。

在各种信息提示方式中，弹窗提示、计时阅读等强制阅读措施是用于确认消费者已知悉或确认相关信息的最显著方式。据调查，采取强制阅读措施的主要情况是：

1. 70%的被调查机构在隐私保护政策确认、服务协议确认、个人身份信息使用的授权等场景下会采用强制阅读方式进行提示。

2. 60%的被调查机构在个人身份信息确认、其他个人金融信息（如个人财产信息、账户信息、信用信息、金融交易信息、风险等级评估信息等）的确认等场景下会采用强制阅读方式进行提示。

3. 50%的被调查机构对金融产品和服务的风险采取强制性阅读措施。

4. 40%的被调查机构对消费者需要承担的费用、违约金方面的内容采取强制性阅读措施。

5. 35%的被调查机构对金融产品的收益、利率进行强制性阅读。

（五）关于专业术语的解释说明

对利率、费用、收益及风险等重要信息进行披露时，是否就关键的专业术语进行通俗易懂的解释说明，四分之三（75.9%）的被调查机构表示，会就相关专业术语对消费者进行解释，但是也有17.2%的被调查机构表示在进行信息披露时没有对专业术语进行解释说明。

（六）关于在线贷款产品的信息披露

在线贷款产品的信息披露如果不够全面、准确，在很大程度上会影响消费者的判断，也可能引发后续的争议和投诉。通过调研我们发现，在线贷款产品的经营者在信息披露的全面性方面还存在一定问题。调研结果反映，约三分之二（66.4%）的被调研机构涉及在线贷款产品，绝大多数经营者都会披露借款的起点和还款期限（97.4%）、每期还款额（93.5%），但披露综合年化利率和扣除保证金、手续费等各项息费后实际到手借款金额信息的经营者分别有80.4%和62.3%。

二、存在的不足

（一）资质及备案信息披露应进一步加强

调研显示，在披露业务经营资质、产品备案信息方面，从业机构的披露率仍然较低，需要引起重视。金融业是特许经营行业，需严格按照资质登记范围展业，并及时根据实际情况申请和更新登记。根据金融监管要求应当予以备案的产品，未经备案不得进行营销宣传。备案信息不及时向消费者披露的行为，有损消费者知情权及选择权。同时其他从事辅助数字金融的机构也应当根据市场监督管理部门的要求，披露登记或备案信息。

（二）针对影响消费者选择的重要信息披露仍需强化

所有可能影响投资者决策的信息是否得到披露，是信息披露完整性的衡量标准，调研显示，针对金融机构的权利、义务，用户应当承担的费用、违约金、发生纠纷后的处理路径、产品的潜在风险、是否受到存款保险等保障机制保障等重要信息的披露率呈现逐渐缩小的趋势。针对在线贷款，披露综合年化利率和扣除保证金、手续费等各项息费后实际到手借款金额信息的经营者分别为80.4%和62.3%，信息披露不充分则消费者难以快速有效理解影响其核心利益的关键因素并比较不同类型产品，需要从业者进一步加强自律，合法合规保障金融消费者知情权。

（三）采用强制信息阅读方式披露率有待提高

调研显示，仍有不少经营机构未能对涉及消费者重要权利义务以及相关风险警示信息采取强制阅读等方式加强消费者感知。基于数字金融的线上化等特征，移动端屏幕尺寸限制和文案设计特色，如何在卖者尽责的基础上，提高买者的注意义务，提升消费者端的责任意识，减少非理性消费，降低事后纠纷是从业机构应当共同思考的实践性问题。

（四）专业术语解释率有待提升

已有多项研究标明，金融消费者具有过度自信的倾向，而数字金融的本质仍是金融，金融业特有的专业术语体系需要转化成为消费者通俗易懂的语言，帮助提升消费者理性选择的可能性。与此同时，数字金融又采用了很多前沿科技作为业务底层逻辑的运营支撑手段，客观上给消费者了解业务产品的本质带来了更多困难。调研显示，17.2%的被调查机构表示在进行信息披露时没有对专业术语进行解释说明，不利于数字金融消费者真正理解其购买产品的本质。

第三节　数字金融消费者个人信息的收集和使用

一、基本情况

（一）关于收集和使用金融消费者信息的种类

在消费者使用数字金融经营者的官方APP客户端时，经营者一般会收集用户的手机号码、个人身份信息等，部分经营者还会收集其他信息。据调查，82.8%的机构会收集用户的个人手机号码，78.4%的机构会收集用户的个人身份信息，48.3%的机构会收集用户的个人账户信息，30.2%的机构会收集用户的手机型号，还有约四分之一的机构会收集用户的定位信息（26.7%）和手机的IMEI码（国际移动设备唯一识别码）信息（25.9%），14.7%的机构表示会收集用户亲属的联系方式。

（二）关于收集金融消费者用户信息的原因

被调研机构反馈，收集用户信息的主要原因是确认用户身份、进行风险识别。调研显示，约八成的机构表示，收集用户信息基于业务必需（82.8%）、对用户进行身份确认（81.9%）和进行风险识别与控制（78.4%）；四成多的机构表示，收集用户信息有助于对用户进行画像（41.4%）、提高客户体验（44.8%）；也有12.1%的机构表示，收集用户信息的目的主要是营销。

（三）关于个人金融信息的使用授权

调研结果显示，仅有50.0%的机构在与用户初次签署服务协议或隐私权政策协议时，逐一列出了将用户个人信息授权的其他场景和使用方，表明了使用目的和范围；有30.2%的机构以格式条款方式征求用户的授权，有21.6%的机构在与用户初次签署服务协议或隐私权政策协议时，通过概括授权的方式统一征求授权，还有29.3%的机构表示获取用户的个人金融信息使用授权是开展数字金融业务的先决条件。

（四）关于个人金融信息的保护机制

经营者对个人金融信息收集和使用的保护机制是否建立，机制运转是否有效，决定了消费者金融信息保护能否得到落实。调查显示，多数经营者在个人金融信息保护机制方面已经采取了不少有益措施，但在信息安全隐患排查、信息保护突发事件处置等方面的应对准备不足，亟待改进提高。据调查反馈，87.1%的机构对于能够接触个人金融信息的员工，明确规定了分级授权管理制度，确定了不同层级员工调取信息的范围、权限和流程；85.3%的机构具备良好的防火墙安全策略，以便防范不法分子利用病毒、黑客等技术手段进入信息系统窃取金融消费者的相关信息；82.8%的机构建立了符合监管要求的业务灾难备份和数据恢复机制；76.7%的机构聘请了有资质的专业机构对本机构进行信息安全等级保护测评，或者通过了公安机关网络安全部门的信息系统安全审核；72.4%的机构在岗前培训中重视用户信息保护问题，在接触个人金融信息岗位的员工上岗前，经营者会与其签署书面保密协议和承诺；70.7%的机构重视信息保护的制度建设，已经建立了专项内控制度，对个人金融信息保护的岗位职责权限、操作规程、监督检查、保密要求、责任追究等均有所涵盖。有65.2%的机构表示制定了专项个人金融信息保护应急预案，定期组织个人金融信息保护应急演练的机构不足50%（48.7%），定期排查本机构个人金融信息安全隐患的机构占比63.5%。

二、存在的不足

当前，针对个人金融信息保护的规范性文件及标准化管理日趋完善，2019年以来多部门联合治理APP违规收集个人信息的工作深入开展，从业企业均不同程度地进行了对标完善。本次调研于2019年10月举行，主要围绕信息收集和使用环节展开，无法代表参与调研企业当前的最新整改情况。根据本次调研结果，我们发现的主要问题有：

（一）合法、正当、必要原则仍需加强落实

调研显示，约26.7%的机构会收集用户的定位信息，25.9%的机构会收集用户手机的IMEI码信息，14.7%的机构表示会收集用户亲属的联系方式，以上信息收集与其业务的关联性和必要性如何，是否涉嫌超范围收集和使用个人信息

需要进一步核实认定。在收集信息的目的上，根据《APP违法违规收集使用个人信息行为认定方法》的规定，"仅以改善服务质量、提升用户体验、定向推送信息、研发新产品等为由，强制要求用户同意收集个人信息"属于违反必要原则，收集与其提供的服务无关的个人信息。调研中，收集用户信息基于业务必需的占比82.8%，还有12.1%的机构表示，收集信息的目的主要是营销，这显示了当前从业机构对于用户个人信息保护仍需加强，需要进一步加强对法律法规、监管要求的学习领会与贯彻执行。

（二）收集使用个人信息方式有待完善

据调研，部分数字金融经营者在向用户征求将其个人金融信息（如身份信息、财产信息、账户信息、信用信息、金融交易信息等）向其他机构或个人提供的使用授权时，还存在以格式条款、概括授权等方式予以模糊提示的情况，或者把用户授权作为消费者使用金融产品或服务的先决条件。逐一列示用户个人信息授权的使用场景和使用方，标明使用目的和范围的从业机构占比不高，需要加强系统化治理。

（三）从业机构内部治理体系亟待加强

调研显示，八成以上机构对于加强公司内部信息安全建设采取了多种举措，但在加强第三方测评、员工岗位风险防控、监督检查、责任追究、教育培训方面仍有待提高。此外，在建立应急保护机制和开展应急演练方面，从业机构的正向反馈占比不高，反映从业机构要进一步加强对个人信息保护突发极端事件的预防应对，确保不出现因处置不当引起的风险。

第四节　金融产品和服务的风险评估

　　将合适的金融产品和服务提供给适当的金融消费者是金融消费者权益保护的重要原则。要求经营者应对金融产品和服务的风险及专业复杂程度进行评估并实施分级动态管理，并了解金融消费者的风险偏好，对其进行风险认知和风险承受能力的测评。数字金融的特征决定了无法依赖从业人员的面对面沟通获得消费者风险偏好及风险承受能力的评估，因而对开展线上化的风险测评提出了更高要求。

一、基本情况

（一）关于适当性制度的实行

　　为控制业务风险，多数经营者已经实施了金融消费适当性制度。据调研，超过六成（62.9%）的机构对金融产品和服务进行风险评估分级，并根据金融监管部门的规定、市场实际和行业变化，动态更新分级指标和评估数据，在首次为金融消费者提供金融产品和服务前，通过测评等方式了解金融消费者的抗风险能力，并进行动态分类分级。有50.0%的机构对金融消费者风险承受能力后续还会进行动态评估。

（二）关于金融产品的风险与用户抗风险能力的适配

　　在向用户推荐金融产品和服务时，大多数经营者会考虑金融产品的风险与用户抗风险能力的适配关系。据调研，82.8%的机构在向消费者推荐金融产品和服务时，会考虑拟推荐、提供的金融产品和服务的风险情况，将其与用户的风险承受能力评估等级进行适当性匹配；即使对于经评价属于高风险承受等级的用户，当其选择风险较高的适配性金融产品时，45.7%的机构也会向其再次提示产品风险；39.7%的机构明确规定，对于经测评属于低风险承受等级的用户，将无法购买风险较高的金融产品，以防止出现风险越位和错配；19.0%的机构从尊重消费者选择权出发，在向低风险承受等级的用户充分提示风险并经其再次确认后，允许其购买风险较高的金融产品。

（三）关于金融消费者的风险承受能力评估考虑的因素

对金融消费者的风险承受能力进行评估时，考虑的因素主要包括消费者个人背景、金融素养、既往投资经验和贷款的用途等方面。据调研，78.4%的机构在进行风险评估时会考虑消费者的年龄，77.6%的机构会考虑消费者的工作和收入状况，73.3%的机构会考虑消费者的财务状况，69.0%的机构会考虑消费者的风险偏好，66.4%的机构会考虑消费者的投资经验，65.5%的机构会考虑消费者的学历，56.0%的机构会考虑消费者的信用记录，47.4%的机构会考虑消费者申请贷款的用途。

（四）关于金融消费者的风险承受能力评估的有效期

调查显示，数字金融经营者倾向于对金融消费者确定相对较短的风险承受能力评估的有效期。三分之一（33.6%）的机构将评估有效期定为半年以上一年以内，13.8%的机构将评估有效期定为半年以内，仅有12.1%的机构将有效期确定在一年以上，14.7%的机构每次向消费者提供金融产品和服务，都对其进行风险承受能力的重新评估。

二、存在的不足

通过调研我们了解到，仍有不少从业机构未开展对金融产品和服务进行风险评估分级，对用户风险等级实施动态化管理的机构占比也不高。从业机构应进一步加强对用户及本身业务的风险等级评估匹配及动态管理。在合法展业的同时，要综合考虑客户生命周期、家庭情况以及相匹配的风险承受能力、流动性需求、投资目标等要素，为客户推荐适合的产品，确保用户权益得到维护。

第五节　数字金融营销宣传

一、基本情况

为进一步规范金融营销宣传行为，切实保护广大金融消费者合法权益，人民银行、银保监会、证监会和外汇局联合制定并发布《关于进一步规范金融营销宣传行为的通知》，该文件对现行相关法律、法规、规章及规范性文件中关于金融营销宣传行为规定进行了系统性梳理，并对金融业开展营销宣传明确了统一性规范要求。

（一）关于金融营销宣传与业务资质

据调查，57.8%的被调查机构反馈，机构自身具备与金融营销宣传内容相符合的业务资质，20.7%的机构表示集团母公司或关联公司具备与金融营销宣传内容相符合的业务资质，25.0%的机构反映受托的合作伙伴具备与金融营销宣传内容相符合的业务资质，也有30.2%的机构表示本机构所属行业目前没有业务资质的限制性规定。

（二）关于金融营销宣传的渠道

由于数字金融经营者主要通过网络开展业务，因此金融营销主要也通过网络开展。据调查，互联网图文广告是金融营销的主要形式，有69.8%的机构会以此方式进行金融营销，37.9%的机构会使用互联网音频和视频广告。除此之外，通过电话进行营销的机构约占30.2%，通过机构网点进行现场推介的占25.0%，通过电视、广播、报纸、杂志等传统广告媒体进行营销的机构占19.8%，通过楼宇、交通工具等户外广告媒体进行宣传的占16.4%。

（三）关于金融营销用语的规范性

在金融监管部门和广告宣传管理部门的监督规范下，营销用语的规范性有所改善。约12.9%的机构表示，一年前曾使用过"国家级""最高级""最佳""唯一"等极限类营销宣传用语，"兜底""保本""保收益""无风险""低成本"等承诺类营销宣传用语或"不看征信""不看工资流水""仅需身份证"等表示放松风控手段的营销宣传用语。但90%以上的机构表示，最近一年没有直接或变相使用极限类用语，没有直接或变相使用承诺类用语，没有直接或变相使用表示放松风控手段的用语，没有使用与性别、种族、宗教信仰相关的用语，没有损害同业声誉的用语。

（四）关于"霸屏广告"问题

在进行营销宣传时，以弹出页面等形式发布宣传广告，而且不能一键关闭，是非常令消费者头疼的"霸屏广告"。调查显示，金融"霸屏广告"的问题尚不突出，45.7%的机构反馈，在开展金融营销宣传广告时显著标明了关闭标志，并且可以一键关闭，仅有3.4%的机构表示存在"霸屏广告"问题。

二、存在的不足

（一）营销宣传资质管理需进一步加强

根据《关于进一步规范金融营销宣传行为的通知》要求，金融服务经营者应当在国务院金融管理部门和地方金融监管部门许可的金融业务范围内开展金融营销宣传，不得开展超出业务许可范围的金融营销宣传活动。金融行业属于特许经营行业，不得无证经营或超范围经营金融业务。金融营销宣传是金融经营活动的重要环节，未取得相应金融业务资质的市场经营主体，不得开展与该金融业务相关的营销宣传活动。信息发布平台、传播媒介等依法接受取得金融业务资质的金融产品或金融服务经营者的委托，为其开展金融营销宣传活动的除外。伴随监管要求的进一步清晰完善，数字金融从业机构应当比照监管要求，认真开展自查自纠及时整改存在的问题，针对调研反馈的对于自身资质属性不清晰的企业应进一步加强沟通研究，确保合规经营。

（二）营销广告内控治理体系亟须完善

营销宣传合规是维护消费者合法权益，加强行为监管的重要举措，根据调研显示，有的从业机构曾经使用了违反广告管理及金融监管要求的宣传方式，涉嫌误导消费者。尽管已完成整改并反馈近一年已明显改善，但关于营销宣传的禁止性规定早已有之，此类问题的出现反映出部分从业机构内部控制机制有待加强，建议尽快完善营销广告的内部控制体系，完善监测机制，加强与第三方合作机构的管理，共同维护消费者合法权益。

第六节　数字金融产品和服务外包供应商管理

一、基本情况

（一）关于数字金融经营者与外包服务供应商的合作领域

数字金融经营者与外包服务供应商的主要合作领域为客户身份识别、客户推荐、风险控制。据调查，44.0%的机构与外包服务供应商的合作领域是客户身份识别，41.4%的机构与外包服务供应商的合作领域是客户初步筛选和推荐，34.5%的机构与外包服务供应商的合作领域是反欺诈，20.7%的机构与外包服务供应商的合作领域是业务风险控制，15.5%的机构与外包服务供应商的合作领域是客户风险等级评估。

（二）关于外包服务供应商管理

多数数字金融经营者审慎对待与外包服务供应商之间的业务合作。据调查，78.4%的机构表示，在确定与外包服务商的合作关系时，会对其保护个人金融信息的能力进行审查和评估，也会在与外包服务商的服务协议中明确个人金融信息保密条款；72.4%的机构表示在与外包服务商的服务协议中会明确个人金融信息发生或可能发生泄露的补救方式和责任追究方式。

（三）关于对外包服务供应商涉及个人金融信息安全时的风险控制

调查显示，36.2%的机构认为，本机构外包服务供应商不涉及个人金融业务。在涉及个人金融业务的领域，82%的机构认为本机构按照"合法适当、最少必要"原则提供个人金融信息，76%的机构通过协议禁止外包服务供应商存储个人敏感金融信息，还有63%的机构对外包服务供应商采取定期检查、技术监测、风险评估等手段监督其个人金融信息的使用行为。

（四）关于代销金融产品

调查显示，55.2%的机构表示，严格对自有金融产品和代销金融产品进行了隔离管理；42.2%的机构表示，在营销代销产品时，对代销产品进行了显著标识或向用户进行了明确提示，用户能够自主辨识。关于代销产品的责任划分，6.9%的机构认为，金融产品的代销主体只应承担平台代销责任，6.0%的机构认为代销产品如果出现兑付问题或实际收益与预期收益不符，用户应该直接联系产品的发行主体，代销主体不应承担兑付责任。

二、存在的不足

（一）对外包服务管理的责任意识有待提高

调研显示，16.4%的机构表示，在与外包服务商的服务协议中约定，由外包服务商承担个人金融信息保护的义务，如果出现问题本机构不再承担责任。反映了部分从业机构对客户个人信息保护方面的主体责任认识不到位，对监管要求的理解学习和贯彻执行不足，势必影响消保工作质量。此外，还有个别机构认为用户并不在意经营者营销的金融产品是自有产品还是代销产品，自愿披露的主动性差，合规意识淡薄。

（二）风险控制能力和工作水平亟待提高

在与外包服务供应商合作方面，调查反映，20%~35%的机构与外包服务供应商的合作集中在反欺诈、风险控制等领域，经营者比较依赖于外包服务供应商为其提供风控技术或措施，侧面反映了部分从业机构自主风控能力亟待提高。大约四分之一的机构反馈与外包服务供应商的合作领域是客户信息采集和信用记录的收集，上述合作应确保取得用户合法授权。

第七节　数字金融消费者的投诉与纠纷解决

一、基本情况

（一）关于金融产品和服务的投诉受理效率

据调查，数字金融经营者对投诉的受理通常在24小时内完成。具体而言，26.7%的机构表示，在用户发起投诉后1小时内受理，12.1%的机构表示投诉发起后2小时内受理，13.8%的机构表示投诉发起后8小时内受理，7.8%的机构表示投诉发起后12小时内受理，32.8%的机构表示投诉发起后24小时内受理。

（二）关于投诉或理赔诉求的处理周期

调查反映，对于非特别复杂的情形，多数数字金融经营者表示，对用户投诉或理赔诉求的处理周期一般为一周内，如84.5%的机构表示，对用户投诉或理赔诉求的处理周期通常在一周内，9.5%的机构表示处理周期约在一个月内。

（三）关于金融产品和服务消费的纠纷解决机制

目前，关于金融产品和服务的消费纠纷已经形成和解、诉讼、调解、仲裁等多元化解决机制，但目前主要解决途径依然是自行和解。据调查，74.1%的机构的投诉纠纷解决主要依靠机构与消费者自行和解，采用诉讼、仲裁、第三方调解方式解决投诉纠纷的机构的比例分别为31.9%、26.7%、11.2%，56.0%的机构表示在投诉受理和处理中会予以全程留痕。

（四）关于投诉的主要事由

据调查，55.2%的机构反馈，投诉事由较为集中在业务操作（如产品或服务流程问题、产品体验问题）、费用或交易异议、逾期偿还借款、优惠活动或业务受限等方面。22.4%的机构反馈，投诉事由为服务质量与承诺不符。15.5%的机构反馈，投诉事由为产品收益不符合预期。10.3%的机构反馈，投诉事由为出现兑付风险、投资损失等权益受损情形。8.6%的机构反馈，投诉事由为信息披露与实际情况不符。2.6%的机构反馈，投诉事由为个人金融信息泄露或未经授权使用、个人财产、资金被挪用和侵占。

二、存在的不足

（一）投诉处置时效仍有提升空间

调研显示，绝大多数从业机构能在较短时间内完成投诉的响应与处置，但仍有部分机构对消费者投诉处置的时效较长，从业机构应高度重视消费者投诉，在监管规定的时效内完成投诉处置，不断优化处理反馈机制，尽快解决消费者投诉，避免纠纷升级。

（二）多元纠纷化解有待提升

从调研反馈的数据来看，除传统的纠纷化解方式外，采用第三方调解的占比较低，从业机构可进一步探索更加多元的纠纷化解机制，引导和鼓励消费者采用更为便捷、有效的纠纷处置方式，降低纠纷化解成本。

（三）优化投诉源头治理有待加强

从调研反馈投诉原因来看，涉及产品或服务流程、产品体验、费用或交易异议、优惠活动、业务受限等方面占比较高，还有不少机构反馈投诉事由涉及服务质量与承诺不符、产品收益不符合预期、不当催收等内容，应当引起从业机构的充分重视，彻查投诉发生根源，加大源头治理力度，多措并举降低投诉率，提高用户满意度。

第八节　在线贷款产品的催收

一、基本情况

本次调研针对在线贷款产品的催收工作进行了简单调研，被调研机构中排除业务不涉及催收工作的机构。剩余被调研机构反馈显示主要采用的催收措施包括法律维权、电话催收、委托第三方催收、上门催收等。其中，79.8%的机构采取法律途径进行资产保全，77.3%的机构采用电话催收，46.4%的机构委托第三方催收，27.3%的机构会上门催收，还有17.8%的机构以资产包转卖的方式实现资产保全。涉及催收工作的机构中，有12.1%的机构反馈，投诉事由中涉及不当或暴力催收的问题，有1.24%的机构表示，本机构因"暴力催收"被用户投诉，并被公检法机关或金融监管部门予以认定。

二、存在的不足

以上情况是从业机构自行反馈的调研数据，在一定程度上反映了对催收工作中可能存在不当或暴力催收的情况，需要多方合作加强综合治理。从业机构应当发挥好第一责任人的作用，建立依法催收的内控管理机制，强化外包管理，切实维护好金融消费者合法权益，共同维护和提升行业声誉。

第九节　数字金融消费者权益保护宣传教育工作

一、基本情况

在监管部门的持续推动和组织下，数字金融经营者日益重视金融消费权益保护教育工作，将品牌形象、产品推广与金融消费者权益保护教育工作统筹推进，并自发开展了形式多样的公益性消费者保护宣传教育活动。

（一）关于金融消费者权益保护宣传教育工作的整体情况

大多数数字金融经营者都开展了金融消费者权益保护宣传教育活动。据调查，76.7%的机构每年都参加金融监管部门定期举办的金融消费者权益保护宣传教育活动，并与业务营销活动相结合。57.8%的机构除统一参与金融监管部门举办的宣传教育活动外，每年还自行开展宣教活动。另外，约30%的机构还专门针对农民、残障人士、下岗失业者、创业创新人群、老年人等特殊群体开展金融知识普及和宣传教育活动，提高他们的金融素养水平、风险防范意识，增强他们对金融消费中的违法欺诈行为的识别能力和对自身金融消费权益的保护能力。

（二）关于数字金融消费者权益保护宣传教育的主要途径

数字金融经营者开展金融消费者权益保护教育和宣传的主要途径是官方网站、APP客户端、公共互联网平台。据调查，90.5%的机构以本机构官方网站或APP客户端作为金融消费者权益保护教育和宣传的最主要途径，有65.5%的机构借助微信、微博、今日头条、抖音短视频等互联网平台、以群众喜闻乐见的形式开展教育和宣传。除了线上开展金融消费者权益教育和宣传活动外，约50%的被调查机构也在营业场所展示宣传画、易拉宝、宣传折页等方式开展线下金融消费权益教育和宣传活动（47.4%），还有三分之一的机构走进社区、企事业、农村、学校等开展现场宣传活动，现场答疑解惑（33.6%）。

（三）关于金融消费者权益保护宣传教育的主要内容

数字金融经营者开展金融消费者权益保护教育和宣传的主要内容是普及金

融知识、提示产品风险、进行业务营销宣传。例如，90.5%的被调查机构金融消费者权益保护教育和宣传工作的主要内容是金融知识普及，49.1%的被调查机构会将业务营销宣传与金融消费者权益保护教育和宣传结合在一起。在教育宣传活动中，除了让消费者了解金融产品和服务的基本情况、收费项目和金融产品收益之外，更多的经营者会向消费者提示产品风险。据调查，84.5%的机构在教育和宣传中会提示产品风险，56.9%的机构会宣传金融服务收费事项，43.1%的机构会宣传金融产品收益。

二、存在的问题

调研显示，仍然有一小部分机构没有专门开展金融消费者权益保护的教育和宣传活动。受教育权是金融消费者权益的重要组成部分，广大从业机构应当集思广益，充分发挥线上优势，开展各类型的金融知识普及宣传教育活动，为提高全社会金融素养，建设良性互动的数字金融生态贡献力量。

第二章

数字金融消费者调研分析

第一节 消费端调研样本的基本情况

除了对从事数字金融行业的部分机构进行调研外，我们还面向数字金融产品与服务的消费者进行了问卷调研，了解"行业客户"对数字金融行业保护消费者合法权益工作的态度，同时也调研了数字金融消费者在日常使用产品和服务中的习惯做法和态度。本次问卷设计问题40道（其中，选择题39道，开放问答题1道），通过支付宝、今日头条、微信三个渠道面向消费者投放，共计回收问卷12000余份。调研反馈样本的基本情况如下。

一、年龄构成

本次反馈调研结果的消费者年龄分布见图2-1。

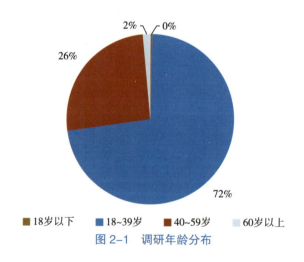

■ 18岁以下　■ 18~39岁　■ 40~59岁　■ 60岁以上

图 2-1　调研年龄分布

反馈样本中超过98%的消费者年龄小于59岁。其中，18岁到39岁消费者占比72%，40岁到59岁消费者占比26%。调研样本在一定程度上反映了当前数字金融消费者群体的年龄结构特征：以18岁到40岁以下的消费者为主体，40岁以上60岁以下的消费群体次之，18岁以下未成年人占比最低。

二、收入水平

参与调研的消费者月平均收入水平分布见图2-2。

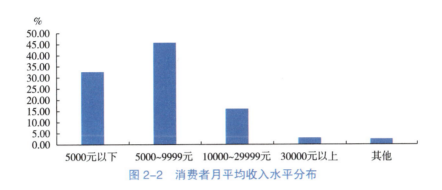

图 2-2　消费者月平均收入水平分布

调研样本显示，月均收入在1万元以下的消费者为主要群体，占比超过78%，侧面反映了数字金融的普惠性特征。其中，5000元以下月收入占比约为32.7%，5000~9999元月收入占比约45.8%，10000~29999元月收入占比约16%，30000元以上月收入占比约3%。

三、受教育程度

参与调研的消费者受教育程度分布见图2-3。

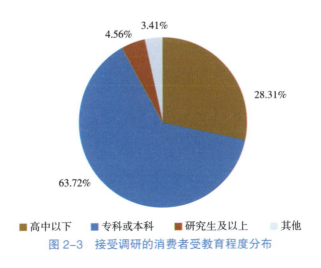

图 2-3　接受调研的消费者受教育程度分布

29

调研样本显示，本科及以下学历为主体，占比超过92%，其中，高中以下学历占比约为28.3%，本科或专科占比约为63.7%，研究生及以上水平占比约为4.6%。

四、居住地区分布

参与调研的消费者主要居住地分布见图2-4。

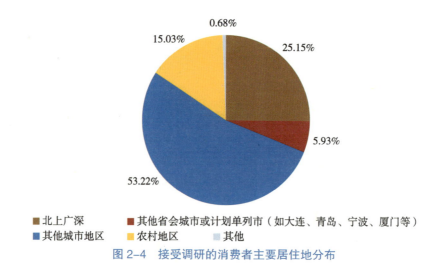

- 北上广深
- 其他省会城市或计划单列市（如大连、青岛、宁波、厦门等）
- 其他城市地区
- 农村地区
- 其他

图2-4　接受调研的消费者主要居住地分布

城市地区消费者占比超过84%，农村地区消费者占比约为15%；其中居住在大城市（北上广深、计划单列市）的消费者占比31.08%，居住在其他城市地区的消费者占比约为53%，反映了数字金融对中小城市居民的吸引力小。

第二节 对数字金融的使用偏好及态度

一、使用偏好

为充分了解消费者对数字金融产品的使用偏好，我们针对产品或服务类别进行调研，其中使用支付类产品或服务（如微信支付、支付宝、云闪付等）的频度最高，占比57.23%；其次为信用贷款、消费信贷等借贷类产品或服务（如花呗、微粒贷、京东白条、融e借、消费易等），占比26.27%；再次为互联网基金、保险等投资或保险保障类产品或服务，占比12.21%；使用其他类型的互联网金融产品或服务为4.29%，表明支付、信贷、基金、保险是当前数字金融的主要战场，也是当前数字金融消费者保护的主要阵地。

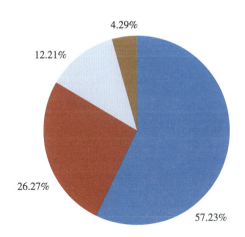

■ 支付类产品或服务　　　　　　　　　　　■ 信用贷款、消费信贷等借贷类产品或服务
■ 互联网基金、保险等投资或保险保障类产品或服务　　■ 其他类型的互联网金融产品或服务

图2-5 数字金融产品或服务使用偏好

二、对数字金融的态度及影响因素分析

（一）基本情况

在对数字金融的整体认可度上，有62.18%的消费者认为"利大于弊"，

有4.48%的消费者认为"弊大于利"，选择"难以判断利弊"的人数占比33.33%，表明大部分消费者认可数字金融产品与服务，但也有不少消费者对此无法做出判断。

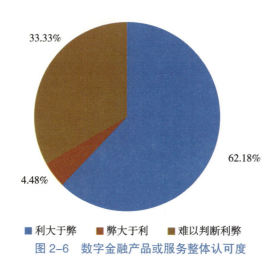

图2-6 数字金融产品或服务整体认可度

■ 利大于弊　■ 弊大于利　■ 难以判断利弊

（二）学历的影响分析

考察学历水平对数字金融利弊判断的影响。数据显示，从数量级来看，本科（或专科）学历的占比在三种选项上的人数均高于高中以下和研究生以上数量之和，其原因是受到样本分布的影响（参见第一节）。

在各类学历水平中（排除学历中"其他"选项），以利弊选择进行百分比归类后可以发现：在研究生群体中，选择"利大于弊"的占比较多（76.84%），其次是本科生（65.97%），高中及以下学历中选择"利大于弊"的占比少于其他两种学历（53.92%）。

选择"弊大于利"的高中以下学历中占比最多（6.03%），该选项在研究生及以上学历和本科（或专科）学历中占比接近（分别为3.95%和3.43%）。

选择"难以判断利弊"的人群中，在高中学历中占比最高（40.06%），其次是本科学历（30.60%），具有研究生以上学历中选择该项目的占比较小（19.21%）。

随着学历的升高，认为数字金融"利大于弊"情况更为多见，认为"难以判断利弊"和"弊大于利"情况会有所减少。

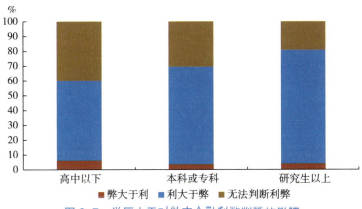

图 2-7　学历水平对数字金融利弊判断的影响

表 2-1　　　　　　　　　学历水平对数字金融利弊判断的影响

态度 / 学历	高中以下	本科或专科	研究生以上
弊大于利	6.03%	3.43%	3.95%
利大于弊	53.92%	65.97%	76.84%
无法判断利弊	40.06%	30.60%	19.21%

（三）收入情况的影响分析

考察收入情况对数字金融利弊判断的影响。在认为数字金融"利大于弊"的人群中，月收入在5000~9999元的人群绝对数量最多，其次为月收入5000元以下人群。

考察各收入水平中，三种态度的占比情况（排除收入水平中"其他"选项）。数据显示，月收入在10000~29999元的人群认为"利大于弊"的占其所在群体的比重最高，其次为月收入30000元以上人群，再次为月收入5000~9999元人群，最小的是月收入5000元以下人群。

在认为无法判断的情况中，月收入在5000元以下的人群占其所在群体的比重最高，其次为月收入5000~9999元人群，再次为月收入30000元以上人群，最小的是月收入在10000~29999元的人群。

月收入5000元以上的消费者肯定数字金融利大于弊的情况更为多见；月收入5000元以下的消费者认为"难以判断利弊"的情况更多见；在选择"弊大于利"的人群中，收入水平的影响不明显，在月收入位于10000~29999元的人群中更为少见。

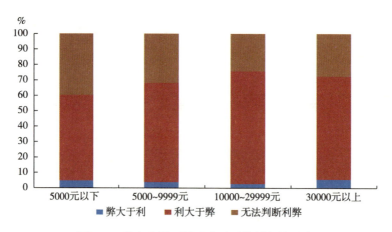

图 2-8　收入水平对数字金融利弊判断的影响

表 2-2　　　　　　　　　　收入水平对数字金融利弊判断的影响

月收入/态度	5000 元以下	5000~9999 元	10000~29999 元	30000 元以上
弊大于利	4.67%	3.74%	2.62%	5.49%
利大于弊	55.67%	64.37%	73.07%	66.88%
无法判断利弊	39.66%	31.89%	24.31%	27.63%

（四）选择使用数字金融产品的原因

在对消费者选择使用数字金融产品与服务的原因进行调研时，49.00%的消费者由于"方便快捷，使用广泛"而选择数字金融产品与服务，22.07%的消费者由于"模式新，服务多样化"而选择金融产品与服务，16.57%的消费者由于"成本低，优惠多"而选择金融产品与服务，12.36%的消费者由于"重视客户体验"而选择金融产品与服务，从一定程度上反映了数字金融产品或服务赢得消费者青睐的主要原因。

第三节　对数字金融常用技术的理解

一、基本情况

（一）对常用技术的态度

数字金融建设基于"大数据""云计算""人工智能""区块链"等核心技术。调研中，我们尝试了解消费者对于新技术运用的态度：其中，43.01%的消费者表达了乐观态度，认为技术创新前景光明；也有49.28%的消费者持谨慎态度，认为应当合理利用技术，注重风险防范；仅有1.57%的消费者选择悲观态度，认为可能会带来更多问题；6.14%的消费者无法判断上述技术的应用前景。上述数据显示当前消费者对金融科技整体上持乐观谨慎的态度。

（二）对常用技术概念的理解

为了解消费者对某些常用网络技术的了解情况，我们尝试调研消费者对Cookie、Pythons等常用技术的认知度。其中，53.44%的消费者表示完全不了解，41.61%的消费者表示大致了解，只有4.95%的消费者表示非常了解，表明大众对广泛运用的网络技术了解程度有限。

二、影响因素分析

考察消费者学历水平对数字金融中使用"大数据""云计算""人工智能""区块链"等核心技术所持态度的影响。在乐观和谨慎态度中，本科和研究生的绝对数量最高，无法判断的选项里主要是本科专科及高中以下学历人群。在不同学历中，持悲观、谨慎、乐观和无法判断态度的占比情况较为类似，均为持谨慎态度的人最多，其次为乐观，再次为无法判断，持悲观态度的人最少。

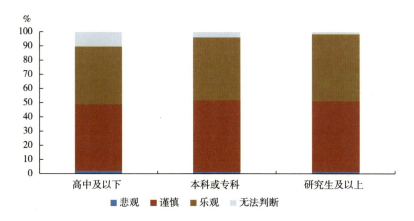

图 2-9　学历水平对数字金融核心技术所持态度的影响

表 2-3　　　　　　　学历水平对数字金融核心技术所持态度的影响

学历／态度	高中及以下	本科或专科	研究生及以上
悲观	1.95%	1.21%	1.26%
谨慎	46.79%	50.60%	49.91%
乐观	40.85%	44.26%	47.22%
无法判断	10.41%	3.93%	1.62%

第四节　对企业开展消费者权益保护工作的感知程度

一、对消费者权益保护的整体感受

对当前数字金融企业在保护消费者合法权益方面的整体印象进行调研时，有29.35%的消费者认为企业提供了"充分保护"，48.83%的消费者认为企业能够提供"基本保护"，11.83%的消费者认为"缺乏基本保护"，9.99%的消费者认为当前"无法判断"。

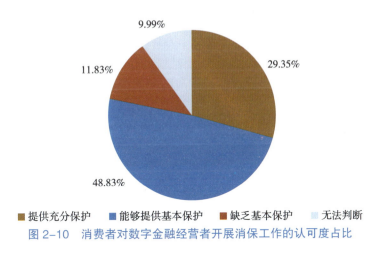

图 2-10　消费者对数字金融经营者开展消保工作的认可度占比

由此可以看出，认为"基本保护"和"充分保护"的占多数，表明消费者对数字金融经营者的工作较为认可。与此同时，认为缺乏基本保护和无法判断的消费者也不在少数，表明从业者在提升消费者保护工作上还有较大空间。

二、影响因素分析

（一）年龄因素

考察年龄对判断数字金融消费者权益保护工作认可度的影响。数据显示，18~39岁的人群在所有态度选项中均列第一位，其次是40~59岁人群，再次是60岁以上人群。在样本数量占优势的18~39岁人群中，认为提供了"基本保护"的人最多，认为提供了"充分保护"次之，认为"缺乏基本保护"的占12.22%，还有9.21%的认为"无法判断"。此外，18岁以下群体中认为"缺乏保护"的人数远高于其他年龄段选择此项的人数，值得引起重视。

由此可见，18岁以下人群对从业机构消保工作的态度分布与其他年龄层呈现类似正态分布不同，除"无法判断"选项外，其余三种态度的比例更为接近，排除受到样本量较小等原因造成的数据偏差外，应关注其反馈的"缺乏保护"的占比较高，认为提供"基本保护"的占比较低，从业企业应加强对于未成年人的权益关注度。此外在60岁以上人群中，认为"无法判断"的占比也比较高，说明从业企业应当加强对该年龄群体权益的保护力度，进一步增强感知。

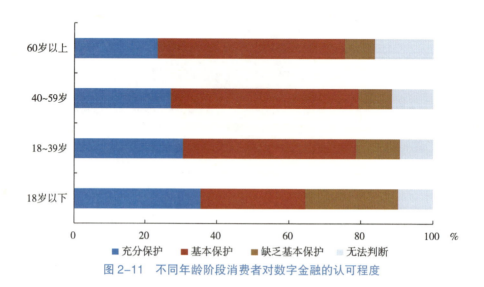

图 2-11　不同年龄阶段消费者对数字金融的认可程度

表 2-4　　　　　　　　　不同年龄阶段消费者对数字金融的认可程度

态度 / 年龄	18 岁以下	18~39 岁	40~59 岁	60 岁以上
充分保护	35.48%	30.64%	27.28%	23.46%
基本保护	29.03%	47.93%	51.93%	51.96%
缺乏基本保护	25.81%	12.22%	9.36%	8.38%
无法判断	9.68%	9.21%	11.43%	16.20%

（二）收入因素

考察收入对判断数字金融消费者权益保护工作认可度的影响。在调研的各收入范围中，认为从业企业提供了"基本保护"的在各收入阶层的比重差距不大，其中月收入30000元以上的人群比重略低于其他阶层，在认为从业企业提供了"充分保护"的人群中，月收入30000元以上的人群比重高于其他阶层。在选择从业企业"缺乏保护"的人群中，四个层次的收入阶层其占比均超过10%，其中30000元以上的人群占比最高。在无法判断此问题的人群中，5000元以下收入人群中选择此选项的人数较多。

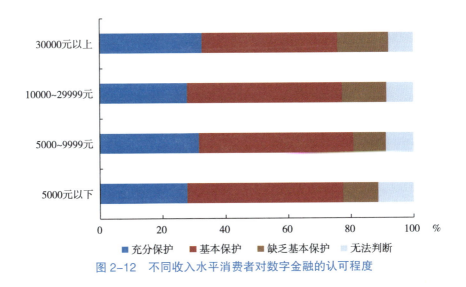

图 2-12　不同收入水平消费者对数字金融的认可程度

表 2-5 　　　　　　 不同收入水平消费者对数字金融的认可程度

态度 / 收入	5000 元以下	5000~9999 元	10000~29999 元	30000 元以上
充分保护	27.88%	31.61%	27.89%	32.61%
基本保护	49.59%	49.17%	49.35%	43.21%
缺乏基本保护	11.15%	10.37%	14.17%	16.30%
无法判断	11.37%	8.86%	8.58%	7.88%

（三）学历因素

考察学历对判断数字金融消费者权益保护工作认可度的影响。在高中及以下学历中，认为从业企业提供了"充分保护"的比重超过其在本科（或专科）及研究生以上学历中的人群比重，而在认为从业企业提供了"基本保护"和"缺乏基本保护"的比重又超过了其在本科（或专科）及研究生以上学历中的人群比重。在认为"无法判断"的选项中，高中及以下学历中选择此选项的人群的占比最高。

数据显示，随着学历的提高（高中、本科、研究生），消费者中认为从业企业"缺乏基本保护"的情况更为多见，在研究生以上群体中接近五分之一的消费者选择此项。而高中以下学历中，出现"无法判断"的概率均较其他群体高，也在一定程度上提示从业企业应重点加强对较低学历消费者的倾向性保护。

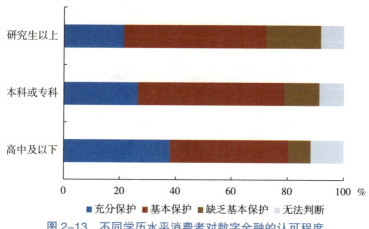

图 2-13 　不同学历水平消费者对数字金融的认可程度

表 2-6　　　　　　　　不同学历水平消费者对数字金融的认可程度

态度 / 学历	高中	本科	研究生
充分保护	38.06%	26.44%	21.44%
基本保护	42.17%	52.28%	50.81%
缺乏基本保护	7.94%	12.52%	19.46%
无法判断	11.83%	8.76%	8.29%

（四）居住地因素

考察居住地对判断数字金融消费者权益保护工作认可度的影响。调研所区分的四大类地区中，农村地区居住人群认为"充分保护"的占比高于其他人群选择此项的占比，选择企业提供了"基本保护"和"缺乏基本保护"的占比则低于其他地区人群选择该项的占比，选择"无法判断"的人群占比又高于其他地区选择此项的人群占比。

调研显示，居住在较大城市（北上广深、其他省会城市或计划单列市）的消费者认为从业企业"缺乏基本保护"的相较于其他地区消费者更多见一些，而居住在农村地区的消费者更加难以判断企业是否对消费者提供了基本的保护。反映出较大城市的金融消费者对于企业的期望更高，而农村居民则需要更多金融知识协助其加强判断能力。

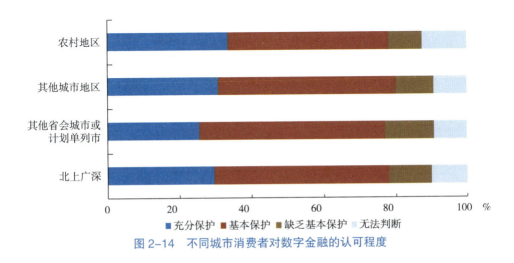

图 2-14　不同城市消费者对数字金融的认可程度

表 2-7　　　　　　　　　不同城市消费者对数字金融的认可程度

态度 / 居住地	北上广深	其他省会城市或计划单列市	其他城市地区	农村地区
充分保护	29.67%	25.57%	30.82%	33.62%
基本保护	48.34%	51.48%	49.23%	44.45%
缺乏基本保护	11.97%	13.71%	10.62%	9.39%
无法判断	10.02%	9.24%	9.33%	12.54%

第五节　对政府开展消费者权益保护
工作的感知程度

一、基本情况

对当前政府机构在保护数字金融消费者合法权益方面工作效果进行调研时，27.64%的消费者认为提供了"充分保护"，43.40%的消费者认为能够"基本保护"，17.26%的消费者认为"缺乏基本保护"，11.70%的消费者认为"无法判断"。与对从业企业相对比，认为政府提供"充分保护"和"基本保护"的占比较低（相对应对企业的评价分别为29.35%和48.83%），认为"缺乏基本保护"的占比较高（对企业的评价是11.83%），认为"无法判断"的占比高于企业（9.99%）。在一定程度上反映了消费者对政府机构加强消费者权益保护的期待。

二、影响因素分析

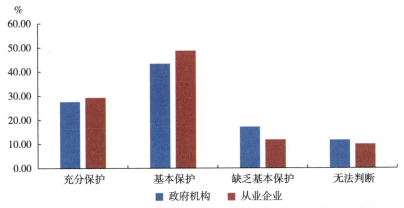

图 2-15　消费者对政府机构和从业企业开展消费者权益保护工作的感知

（一）年龄因素

考察年龄对判断政府机构开展数字金融消费者权益保护工作认可度的影

响。18岁以下的群体较其他年龄段的消费者的态度特征明显，认为政府机构提供了充分保护的情况高达41.38%，反映了政府在加强保护未成年人金融合法权益方面的积极反馈。

与此同时，认为"缺乏基本保护"的占比也超过了其他年龄段，值得引起重视。此外，相较于其他年龄段，60岁以上人群认为政府提供"充分保护"的占比最少，认为提供了"基本保护"的占比最高，认为"无法判断"的占比最高。

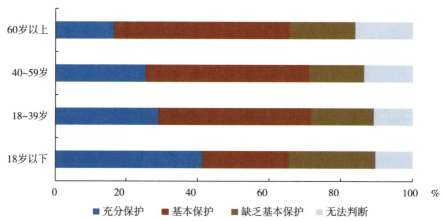

图2-16　年龄对判断政府机构开展数字金融消费者权益保护工作认可度的影响

表2-8　年龄对判断政府机构开展数字金融消费者权益保护工作认可度的影响

态度/年龄	18岁以下	18~39岁	40~59岁	60岁以上
充分保护	41.38%	29.15%	25.55%	16.57%
基本保护	24.14%	42.56%	45.60%	49.11%
缺乏基本保护	24.14%	17.45%	15.34%	18.34%
无法判断	10.34%	10.85%	13.51%	15.98%

（二）收入因素

考察收入水平对判断政府机构开展数字金融消费者权益保护工作认可度的影响。四种态度的分布基本类似，其中月收入5000~9999元人群选择政府提供了"充分保护"的比例高出其他收入阶层，月收入5000元以下人群选择政府提供了"基本保护"的比例高出其他收入阶层，月收入5000~9999元和月收入5000元以下人群选择政府缺乏"基本保护"的占比较其他阶层少。同时，月收入5000元以下人群选择"无法判断"的比例高于其他收入阶层占比，选择提供"充分保护"的占比相对较低。

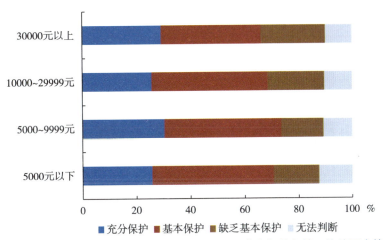

图 2-17　收入水平对判断政府机构开展数字金融消费者权益保护工作认可度的影响

表 2-9　收入水平对判断政府机构开展数字金融消费者权益保护工作认可度的影响

态度／收入	5000 元以下	5000~9999 元	10000~29999 元	30000 元以上
充分保护	25.76%	30.34%	25.64%	29.23%
基本保护	44.82%	43.29%	42.88%	36.89%
缺乏基本保护	16.78%	15.43%	20.94%	23.77%
无法判断	12.64%	10.94%	10.54%	10.11%

（三）学历因素

考察学历水平对判断政府机构开展数字金融消费者权益保护工作认可度的影响。高中以下学历，在选择政府提供"充分保护"和"无法判断"两个选项的占比都高于同类选项在其他学历中的占比，而认为政府提供了"基本保护"和"缺乏基本保护"的两个选项里，选择人数占比均低于其他学历水平中的人数占比。

本科学历中选择政府提供"基本保护"的占比相较其他学历水平占比最高，选择"无法判断"的占比最低。研究生学历中，选择政府缺乏"提供基本

45

保护"的占比高于其他学历水平中选择此项的占比，而选择政府提供了"充分保护"的比例又低于其他学历水平中选择此项的占比。

数据显示，在认为政府机构提供了"充分保护"的选项上，随着学历水平的提高，占比越来越低，在认为政府机构缺乏提供"基本保护"的选项上，随着学历水平的提高，占比越来越高。

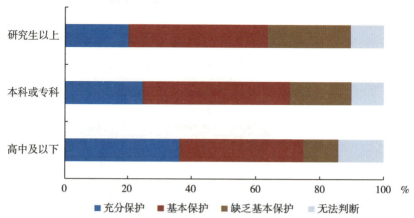

图2-18 学历水平对判断政府机构开展数字金融消费者权益保护工作认可度的影响

表2-10 学历水平对判断政府机构开展数字金融消费者权益保护工作认可度的影响

态度/学历	高中以下	本科或专科	研究生及以上
充分保护	36.27%	24.79%	20.25%
基本保护	38.52%	45.88%	43.40%
缺乏基本保护	11.06%	19.23%	26.04%
无法判断	14.16%	10.10%	10.31%

第六节　对金融消费者具体权益的感知与理解

一、关于财产安全权的调研

财产安全权是金融消费者的基础性权利，消费者对互联网金融企业在保护用户财产安全方面工作评价中，32.19%的消费者认为企业提供了充分保护，50.18%的消费者认为企业能提供基本保护，8.93%的消费者认为缺乏基本保护，8.70%的消费者选择无法判断。数据显示绝大多数消费者基本认可数字金融从业企业在保护消费者财产安全方面的成绩，但也有大约9%的消费者认为是缺乏基本保护的，还有大约9%的消费者认为无法进行判断。

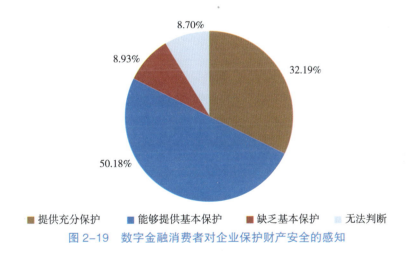

图 2-19　数字金融消费者对企业保护财产安全的感知

二、关于个人信息安全的调研

（一）基本情况

1.阅读隐私权政策的情况

APP隐私权政策涉及消费者个人信息的收集、使用、共享等关键环节的权利义务约定。针对消费者是否关注及如何阅读数字金融APP里的"隐私权政策"，我们调研时发现32.81%的消费者会选择"仔细阅读"；36.83%的消费者选择"简要阅读"，26.19%的消费者选择"基本不读"，4.17%的消费者并不知道什么是"隐私权政策"。

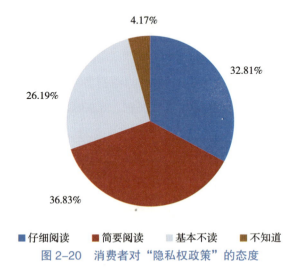

图 2-20　消费者对"隐私权政策"的态度

数据显示，选择"简要阅读"的人群占比最高，能够认真仔细阅读隐私权政策的消费者占比仅有33%左右，可以推测实际能够理解隐私权政策条款含义的比例可能更低，而选择"基本不读"和"不知道"隐私权政策的消费者占比超过30%，从企业调研数据中我们发现，有超过70%的机构选择强制阅读的方式提示隐私权政策，对提高消费者关注隐私权政策条款有积极作用。

2. 对个人信息收集频率的态度

针对企业收集和使用个人信息的频率，我们调研了消费者所持的态度，13.07%的消费者认为企业可以随时收集和使用个人信息，以提供更好的产品和服务，但高达79.16%的消费者认为企业应以提供必要的服务为限，避免频繁收集和使用个人信息，7.77%的消费者表示自己无法判断。数据显示，绝大多数消费者对于企业收集其个人信息的频率认为应当以提供必要的服务为限，不应频繁获取其信息，从业机构应当引起注意。

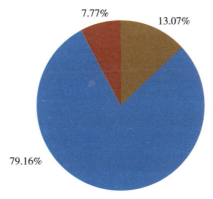

图 2-21　消费者对个人信息收集频率的态度

3. 对企业在保护个人信息安全方面的认可度

针对数字金融企业在保护用户个人信息安全方面的认可度，22.23%的消费者认为企业可以提供充分保护，42.52%的消费者认为企业能够提供基本保护，25.82%的消费者认为企业缺乏基本保护，9.43%的消费者对此无法判断。应当关注，较高比例的消费者认为从业企业未对其个人信息安全提供基本的保护，此比例远高于消费者选择财产安全对企业未提供基本保护的比率（8.93%）。显示出当前金融消费者对于企业加强个人信息安全保护工作的迫切程度。

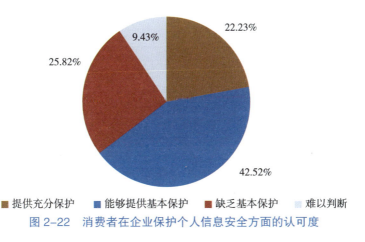

图 2-22　消费者在企业保护个人信息安全方面的认可度

（二）年龄与关注隐私权政策的关系

考察年龄与对隐私权政策态度的关系，值得关注的是不知道隐私权政策是什么的用户中，60岁以上用户和18岁以下用户占比较高，18～39岁群体中，基本不读隐私权政策的占比最高，达到了28.30%，其他各年龄阶段人群中，基本不读隐私权政策的人数占比也都在16%以上。

由此可见，针对老年群体和青少年群体的隐私权意识普及应当引起从业机构及政府机构关注，而提高中青年群体对隐私权政策的关注是后续工作的重点。

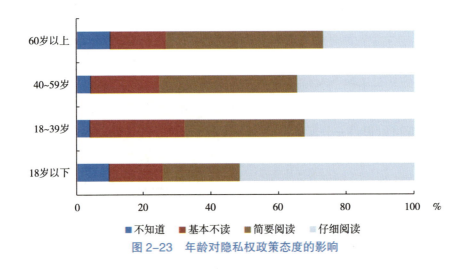

图 2-23　年龄对隐私权政策态度的影响

表 2-11　　　　　　　　　　年龄对隐私权政策态度的影响

态度 / 年龄	18 岁以下	18~39 岁	40~59 岁	60 岁以上
不知道	9.68%	3.81%	4.08%	10.06%
基本不读	16.13%	28.30%	20.68%	16.76%
简要阅读	22.58%	35.54%	40.76%	46.37%
仔细阅读	51.61%	32.35%	34.48%	26.82%

（三）学历与关注隐私权政策的关系

考察学历与对隐私权政策态度的关系，在高中以下学历中，仔细阅读的比例远高于其他学历类型人群。在研究生及以上学历中，选择"基本不读"的人群显示较高的比例。选择"简要阅读"的在各类学历人群占比三成以上，其中占比较高为研究生群体。

由此可见，随着学历的提高，"不知道"隐私权政策的情况越来越少，与此同时，"基本不读"隐私权政策的情况也越来越多，其原因值得进一步探究。

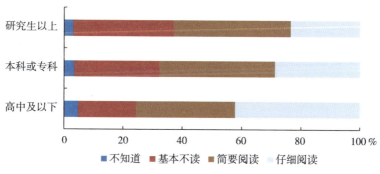

图 2-24　学历水平对隐私权政策态度的影响

表 2-12　　　　　　　　　　学历水平对隐私权政策态度的影响

态度／学历	高中及以下	本科或专科	研究生及以上
不知道	4.74%	3.38%	3.06%
基本不读	19.68%	28.97%	33.99%
简要阅读	33.33%	38.76%	39.39%
仔细阅读	42.25%	28.89%	23.56%

（四）收入与关注隐私权政策的关系

考察收入与对隐私权政策态度的关系，在各层次收入人群中，选择"仔细阅读"和"简要阅读"的比例均比较高。在各收入阶层均有四分之一左右的人群选择"基本不读"。而"不知道"隐私权政策是什么的人群在5000元以下收入人群和30000元以上人群中均有大于5%的占比，高于其他收入阶层。

51

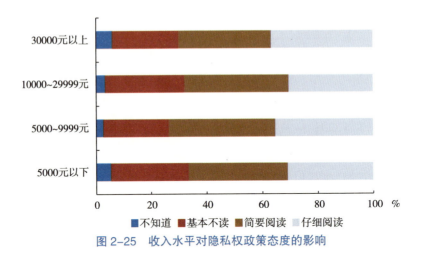

图 2-25　收入水平对隐私权政策态度的影响

表 2-13　　　　　　　　　收入水平对隐私权政策态度的影响

态度/收入	5000 元以下	5000~9999 元	10000~29999 元	30000 元以上
不知道	5.42%	2.69%	3.35%	6.01%
基本不读	28.18%	23.76%	28.80%	24.04%
简要阅读	35.59%	38.30%	37.45%	33.33%
仔细阅读	30.81%	35.25%	30.40%	36.61%

三、关于知情权的调研

（一）阅读数字金融产品或服务的电子合同的情况

为了解当前数字金融消费者对知情权的关注度及行为表现，我们选择调研消费者如何阅读数字金融产品或服务的电子合同。数据显示，31.39%的消费者选择"仔细阅读"，42.36%的消费者选择"简要浏览"，22.12%的消费者选择"基本不读"，4.12%的消费者表示"难以找到电子合同"。

在某种程度上，产品和服务的合同条款是关于消费者和经营者权利、义务最为全面、准确的描述和约定，但选择仔细阅读的消费者仅占比1/3左右，大多数消费者选择以"简要浏览"的方式了解合同约定，还有超过1/5的消费者"基

"本不读"合同条款，在一定程度上反映了消费者对契约内容重视不足。

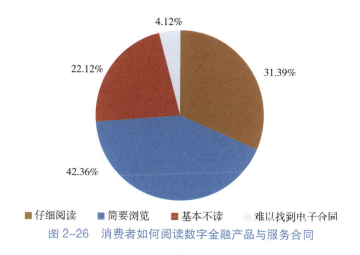

4.12%　22.12%　31.39%　42.36%　■仔细阅读　■简要浏览　■基本不读　■难以找到电子合同

图 2-26　消费者如何阅读数字金融产品与服务合同

有鉴于此，从业机构应当加强对产品服务信息的披露力度并强化消费者感知，对于涉及消费者重要权利、义务或对权利予以限制的条款等内容，必须通过更为显著的方式提醒消费者关注。此外，还有一部分消费者表示难以找到合同内容，反映了从业机构在信息披露工作中还有不少提升空间。

（二）对产品与服务的收益与风险了解情况

针对消费者对金融产品或服务的收益与风险的了解情况进行调研时发现，只有12.45%的消费者表示"非常了解"，68.61%的消费者表示"大致了解"，15.68%的消费者表示"完全不了解"，还有3.26%的消费者表示"只了解收益，并不清楚风险"。数据显示出大部分消费者"大致了解"金融产品的收益与风险，能达到"非常了解"水平的占比较低，还有接近1/5的被调研消费者不了解金融产品的风险。此数据在一定程度上反映了从业企业应当进一步加强金融产品信息披露，特别是针对风险信息的披露，进而提高"买者自负"的能力和水平。

（本次调研非针对某类型产品，仅就消费者对金融产品风险意识的调查）

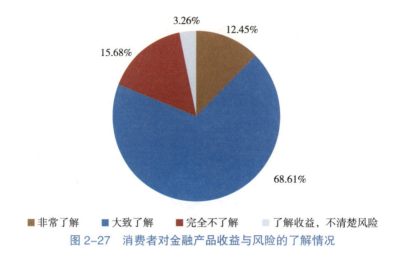

图 2-27 消费者对金融产品收益与风险的了解情况

（三）对日利率与年化利率的理解

我们针对"是否掌握日利率与年化利率"的换算关系进行了专门调研，初步了解消费者对信息披露方式的理解能力及金融素养水平。结果显示，有28.21%的消费者"完全不了解"二者之间的关系，58.34%的消费者表示"大致了解"，只有13.45%的消费者表示"非常了解"。利率水平是金融产品与服务的重要信息要素，在利率水平展示方式这一问题上，大部分消费者选择的是"大致了解"，表示"非常了解"的消费者仅为一小部分，还有不少消费者完全不理解两者之间的关系。在此情况下，需要从业机构加强自我约束，严格按

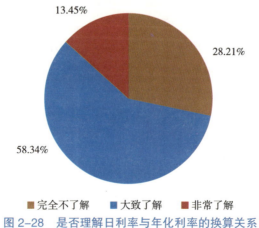

图 2-28 是否理解日利率与年化利率的换算关系

照监管要求进行信息披露与营销宣传，以利于消费者理解的方式，加强对成本与收益宣传方式的管理，杜绝误导性宣传，同时广大金融消费者也应当进一步提升金融素养，掌握基础的金融知识。

（四）对线上、线下产品信息披露对比的感知

此次调研，我们还比较了"网点柜员销售"与"线上销售"在产品信息披露和特性说明方面的优劣。数据显示，其中16.64%的消费者认为实体网点柜员销售优于线上金融服务，38.36%的消费者认为线上金融优于实体网点柜员销售，27.62%的消费者认为二者差不多，17.37%的消费者表示无法判断。由此可见，认为线上销售优于线下的占比较高，显示了数字金融在方便消费者感知产品特点方面的优势，与此同时，也应注意到认为"二者差不多"和"无法判断"的比例也不小，显示从业机构在提升产品信息披露方面的进步空间还很大。

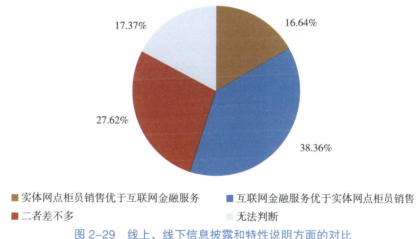

- 实体网点柜员销售优于互联网金融服务
- 互联网金融服务优于实体网点柜员销售
- 二者差不多
- 无法判断

图 2-29　线上、线下信息披露和特性说明方面的对比

四、关于公平权的调研

（一）对格式合同公平性的感知

通过调研对格式合同的整体满意度，我们发现9.93%的消费者认为数字金融产品或服务的格式合同或规则很公平，54.71%的消费者认为比较公平，11.28%的消费者认为不公平，24.08%的消费者选择了无法判断。超过半数的消

费者对数字金融产品的格式合同公平性表达了比较认可的态度，但不少消费者还选择了"无法判断"，究其原因，可能是没有阅读合同的习惯（参照前面关于合同阅读的调研），超过1/10的消费者认为格式合同并不公平，值得引起关注。

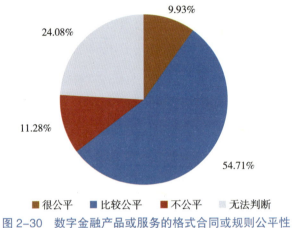

图 2-30　数字金融产品或服务的格式合同或规则公平性

（二）对新、老客户区别对待的感知

针对数字金融中的"拉新""补贴"活动，我们调研消费者对"新客户、老客户优惠补贴力度不同"的态度，19.17%的消费者认为存在合理性，13.19%的消费者认为没有合理性，61.30%的消费者认为应该区分具体情况进行讨论，不能一概而论，6.33%的消费者表示无法判断。

五、关于自主选择权的调研

针对"默认勾选"与"强制授权"等侵犯用户自主选择权的现象，我们调研了消费者对此类问题的整体感知度，有22.93%的消费者表示经常遇到，54.74%的消费者表示会偶尔遇到，22.33%的消费者表示没有遇到过。综上所述，只有约为1/5的消费者表示没有遇到，有超过77%的消费者遇到过数字金融产品或服务的"默认勾选"与"强制授权"的行为，应当引起行业治理部门的高度重视，从业企业应当高度重视消费者自主选择权，有效清理整顿存在的不规范经营行为。

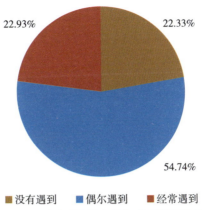

22.93%　　　　　　　22.33%

54.74%

■ 没有遇到　■ 偶尔遇到　■ 经常遇到

图 2-31　是否遇到过"默认勾选"或"强制授权"等情况

六、关于受尊重权的调研

在使用数字金融产品或服务中，您是否遇到因性别、年龄、种族、民族或国籍等不同而被歧视性差别对待的情况，65.31%的消费者表示没有遇到，16.71%的消费者表示偶尔遇到，2.37%的消费者表示经常遇到，15.61%的消费者不了解是否被差别对待。对于受尊重权的调研情况较自主选择权的情况较好，大部分消费者认为没有遇到过"歧视性差别对待"的情况，但也应当保持谨慎，相对于线下金融服务，数字金融的使用产品涉及运营技术隐蔽性和专业性较强，消费者更加难以判断是否受到歧视性待遇。

七、关于依法求偿权的调研

（一）对企业投诉处置质效的感知

针对数字金融企业处理用户投诉的效率和质量进行调研时发现，除32.32%的消费者表示从没有投诉过外，有28.52%的消费者对企业处理投诉表示满意或基本满意，18.01%的消费者表示认可处理效率，但对处理结果不满意，12.24%的消费者表示处理效率不太满意，但接受处理结果，8.92%的消费者表示都不满意。

除去约1/3没有投诉过的用户，在2/3的消费者中，较多消费者对企业投诉处理表达了积极肯定，也有部分消费者表达了处置结果或效率的不满意，还有少部分用户对投诉效率和结果都不满意，可见从业企业仍需提升投诉满意度。

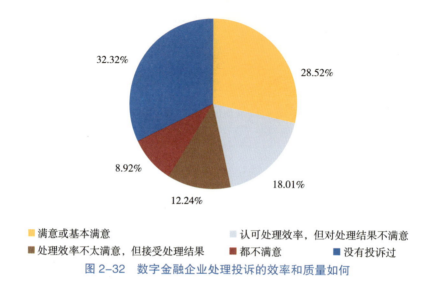

图2-32　数字金融企业处理投诉的效率和质量如何

（二）对维权渠道的选择倾向

针对消费者维权渠道倾向进行调研，当产品或服务不满意或认为合法权益受到侵犯时，23.01%的消费者会选择向企业投诉，63.58%的消费者选择向监管机构投诉，5.55%的消费者选择向媒体举报，4.00%的消费者选择向法院起诉，3.87%的消费者选择不投诉举报，说明消费者的维权意识日益提高。

调研问卷显示出用户对监管渠道投诉的强偏好，反映了消费者期待监管机构关注其合法权益并采取有效措施处理纠纷，同时也在一定程度上反映了消费者对于企业自主解决投诉或争议的不信任感。从业企业应当进一步强化投诉第一责任人的角色定位，有效提升投诉水平，维护消费者合法权益。此外，也有少部分消费者选择向媒体举报和向法院起诉，反映出投诉问题解决不好容易引发舆情风险与诉讼风险的倾向。

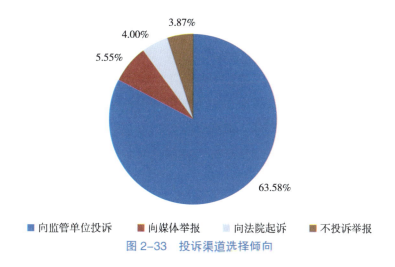

图 2-33　投诉渠道选择倾向

（三）对第三方争议解决机制的态度

调研消费者是否愿意将纠纷争议提交第三方机构调解或仲裁，48.93%的消费者愿意提交但不一定接受结果；39.80%的消费者表示愿意提交并接受结果，还有11.27%的消费者表示不愿意。

推进多元纠纷化解机制是构建和谐金融的重要举措。调研显示，仅有约1/10的消费者明确表示不愿意将争议提交第三方机构调解或仲裁，绝大多数消费者有明确的提交意愿，但其中又有大部分消费者不一定接受其结果，表明多元纠纷化解机制在纠纷处置结果的权威性上仍需进一步加强探索。

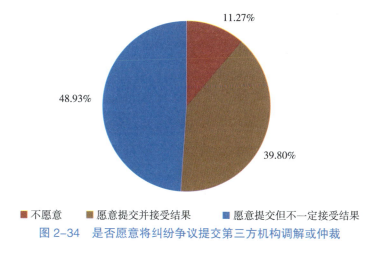

图 2-34　是否愿意将纠纷争议提交第三方机构调解或仲裁

（四）对妨碍有效维权因素的调研

对当前阻碍消费者有效维权原因进行调研时，发现27.13%的消费者表示缺乏专业金融或法律知识；25.36%的消费者表示维权的渠道不够便捷通畅；23.77%的消费者表示难以拿出有力证据证明侵权；23.73%的消费者表示法律或监管规则不够具体清晰。调研显示妨碍维权的原因分布比较平均，显示消费者在有效维权上面临的困境较为多样，其中对于专业知识的缺乏位列首位。

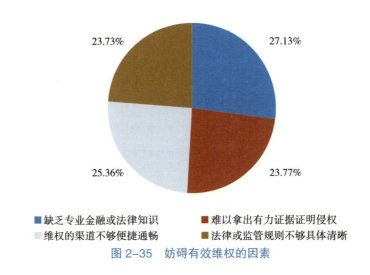

图2-35　妨碍有效维权的因素

八、关于受教育权与金融知识普及的调研

（一）对当前金融知识获取来源的调研

为了解当前消费者学习金融知识的来源、形式及期待，我们设计了相关多选题了解消费者偏好。其中，关于当前学习金融知识的来源，排在第一位的是金融机构资讯，占比33.79%；第二位是政府部门宣传资讯，占比22.10%；第三位是亲朋好友口口相传，占比20.44%；还有12.79%的消费者选择研究机构报告；10.89%的消费者选择学校或培训机构进行学习。

（二）对希望获取金融知识渠道的调研

在调研消费者希望获得的金融知识来源时，上述数据发生了变化，排在第一位的是政府部门宣传资讯，占比32.70%；排在第二位的是研究机构报告，占比27.76%；排在第三位的是金融机构资讯，占比20.02%；还有12.19%的消费者选择学校或培训机构；7.33%的消费者选择亲朋好友口口相传。

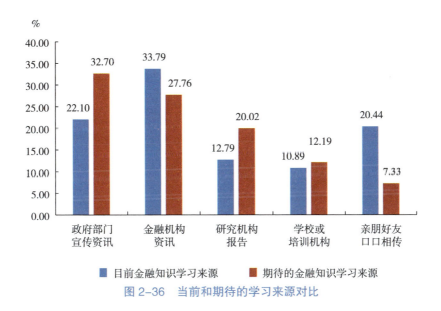

图 2-36 当前和期待的学习来源对比

从数据对比来看，消费者比较期待政府部门的金融知识宣传资讯，以及研究机构、学习或培训机构的知识宣传，原因可能是消费者认为以上三种渠道更为中立、客观和权威。对于金融机构和亲朋好友的金融知识传授相对期待比较低。

（三）对感兴趣的金融知识学习形式的调研

针对消费者感兴趣的金融知识学习形式，我们调研发现最受消费者青睐的是微信、微博、今日头条等网络平台的内容推送，占比33.57%；其次是搜索或浏览网页，占比19.85%；再次选择专业书籍或课程，占比18.65%；还有14.09%的消费者选择短视频或连载漫画；7.41%的消费者选择游戏或有奖答题，只有6.43%的消费者选择线下集中式的教育宣传。从业机构可以针对消费者感兴趣的形式开展有针对性的宣教活动，提升消费者的金融素养。

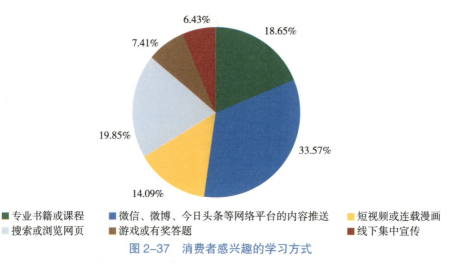

图 2-37　消费者感兴趣的学习方式

九、对营销广告宣传的调研

针对个别数字金融广告宣传内容与实际产品或服务承诺不一致的情况，我们调研消费者对此持有的态度，高达64.24%的消费者认为感觉受到欺骗，可能会投诉或举报；16.04%的消费者认为广告是为了引起关注和点击，不一致可以理解；13.05%的消费者表示随便看看，不会当作问题，还有6.67%的消费者表示无法判断此类问题。数据显示，绝大部分消费者对于宣传内容不实的广告持否定态度，并倾向于投诉或举报，提醒广大数字金融从业者务必高度重视营销广告合规性，避免侵犯消费者合法权益，引发合规风险。

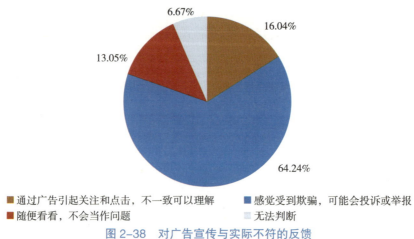

图 2-38　对广告宣传与实际不符的反馈

十、对平台类型企业的责任调研

针对平台型服务企业与平台内商家的责任边界划分，62.00%的消费者认为平台和商家应依照法律和合同约定承担责任义务；23.34%的消费者认为平台对平台内商家有管控责任，商家无法承担责任时应由平台承担责任；7.60%的消费者认为商家应当独立承担对消费者的责任义务，7.07%的消费者认为平台应当承担对消费者的全部责任义务。调研数据显示了消费者对平台加强管控能力与责任的期待。

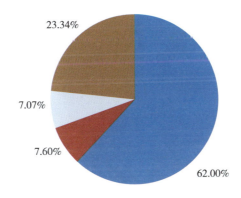

■ 平台和商家应依照法律和合同约定承担责任义务
■ 商家应当独立承担对消费者的责任义务
■ 平台应当承担对消费者的全部责任义务
■ 平台对平台内商家有管控责任，商家无法承担责任时应由平台承担责任

图 2–39　平台型经营者与平台内经营者的责任感知

第七节　数字金融行业类型的满意度调研

本次调研，我们对数字金融常见业态（产品类型），进行专门的满意度调研，消费者对当前网络支付行业维护消费者权益情况的满意度见图2-40。

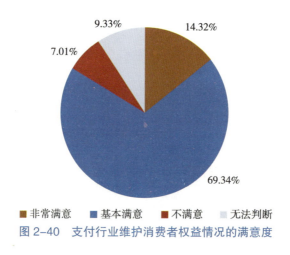

图 2-40　支付行业维护消费者权益情况的满意度

消费者对当前网络借贷行业维护消费者权益情况的满意度见图2-41。

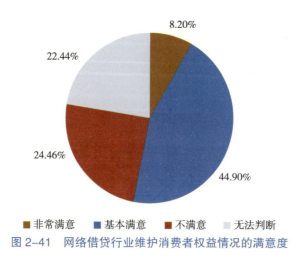

图 2-41　网络借贷行业维护消费者权益情况的满意度

消费者对当前网络银行（银行类APP）维护消费者权益情况的满意度见图2-42。

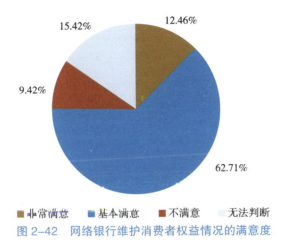

图 2-42　网络银行维护消费者权益情况的满意度

消费者对当前互联网证券行业（如通过券商手机APP、PC金融终端投资股票及理财产品）维护消费者权益情况的满意度见图2-43。

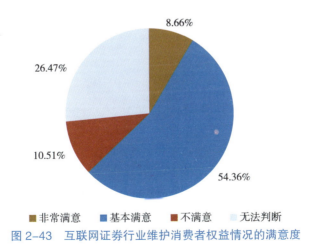

图 2-43　互联网证券行业维护消费者权益情况的满意度

消费者对当前互联网保险行业（如通过保险公司手机APP、PC金融终端购买、咨询保险产品）维护消费者权益情况的满意度见图2-44。

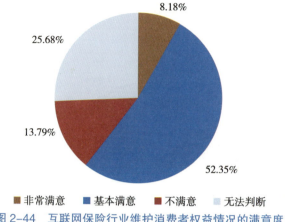

图 2-44 互联网保险行业维护消费者权益情况的满意度

消费者对当前数字消费金融行业（如线上消费分期或贷款等）维护消费者权益情况的满意度分布见图2-45。

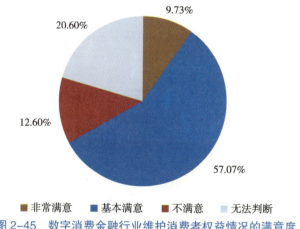

图 2-45 数字消费金融行业维护消费者权益情况的满意度

消费者对当前互联网基金行业（如网销基金、理财产品等）维护消费者权益情况的满意度分布见图2-46。

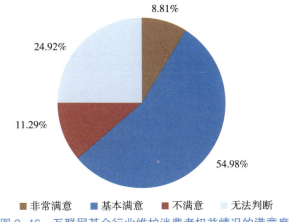

图 2-46 互联网基金行业维护消费者权益情况的满意度

综合不同业态的对比情况如图2-47所示。

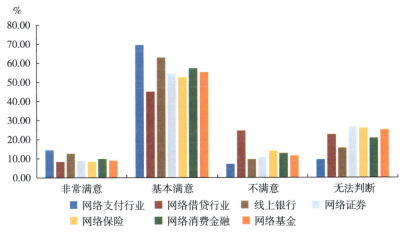

图 2-47 数字金融消费者对不同业态维护消费者权益的满意度

第八节　消费者问卷反馈的情况分析

除数据调研外，还有3095位消费者采用文字形式对当前数字金融行业保护消费者权益工作给出意见或建议，剔除"无/无意见/无建议"等无效答案外，共有2800份有效留言。这些留言从多个方面反映出金融消费者的多样化认知和诉求。

一、问卷反馈热词分析

图 2-48　问卷热词分析

根据消费者对目前数字金融行业消费者权益保护工作的反馈，我们发现，最受用户关注的仍然是个人信息安全问题，诸如"隐私权""保密""谨慎""安全性"等关键词被频频提起；其次是信息披露和公平问题，消费者强烈呼吁数字金融行业的"公平、公开、公正"行为，希望从业机构能够诚信经营，增强信息透明度，提升自身的行业责任；另一类重要关键词是"纠纷""投诉""欺诈"等，可以看到，套路、欺诈、虚伪、漏洞、误导等相关问题的投诉不在少数，这也带来了沟通需求的增加，在上面热词云图中，不难发现 "客服""体验""畅通"等词汇，以及与沟通方式、效果相关的"真诚""尊重""以人为本""高效"等词汇；除此之外，法律、法规、监管、自律等与顶层制度相关的方面也是消费者的重要关注点。

表 2-14　　　　　　　　　　消费者舆情关键词 Top60

词频排名	关键词	词频排名	关键词	词频排名	关键词
1	隐私权	21	P2P	41	纠纷
2	公开	22	合理合法	42	环境
3	公正	23	虚假	43	文字游戏
4	个人信息	24	人工	44	真诚
5	公平	25	安全性	45	合规
6	正规	26	尊重	46	机制
7	成本	27	措施	47	规则
8	透明化	28	体验	48	高效
9	自律	29	骗子	49	实事求是
10	有法可依	30	技术	50	严厉打击
11	信用	31	人性化	51	落实
12	谨慎	32	不法分子	52	信息安全
13	保密	33	欺诈	53	程序
14	方便快捷	34	漏洞	54	全面
15	门槛	35	以人为本	55	账户
16	高利贷	36	严重	56	畅通
17	便利	37	透明度	57	健康
18	非法	38	保险	58	骚扰电话
19	流程	39	权利	59	培训
20	法规	40	标准	60	数据

这些关键词所涉及的具体内容可以分为评价和建议两大类。评价包括负面、中性和正面三类；建议则包括宏观（整体建议/监管建议）、中观（行业建议）和微观（具体到各类消费者权益及措施）三类。以下两小节分别对这两大类内容进行具体介绍。

二、消费者留言分析

在2800份文字留言中，涉及对数字金融消费者权益保护现状评价的有108份，其中73.33%的用户表示还不错、基本满意，肯定数字金融的发展，认为它能够满足消费者的个性化需求，同时，也希望在个人隐私、沟通渠道、监管方面加强措施；非常满意的用户占15.19%，认为数字金融为消费者带来了极大的便利，尤其是头部平台相对规范、可信任；11.48%的用户对数字金融的评价较为负面，情绪点主要集中在过度诱导、被骗上当、客服沟通无效、投诉无门几个方面。

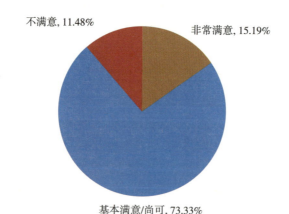

图 2-49　消费者对数字金融消费者权益保护现状的评价

从上述统计结果可以看出，绝大多数消费者对数字金融的态度是支持、宽容和鼓励的，并期待该行业能够更好发展；少数用户期待行业能够更加负责、健康、诚信地发展，而不是假借创新的名义损害消费者权益，但他们直接、间接给出了一些致使其产生负面意见的具体原因，无论对数字金融从业机构还是普通的消费者都具备积极的参考、借鉴价值。

另外需要注意的是，除了108位用户对数字金融给出直接评价外，还有31位用户留言表示，对数字金融不够了解/不清楚/不懂，虽然这部分用户数量不大，但也意味着数字金融知识普及工作任重道远，作为普惠金融的一部分，用户不了解也就意味着机构业务拓展的局限性，以及潜在的消费者权益保护风险。

三、消费者提出的具体建议

从覆盖面来看，消费者建议的内容丰富，涉及金融消费者权益保护的方方面面，既有对整个业态以及政府监管层面的宏观建议，也有针对银行、保险、支付等特定行业甚至是某些特定产品或服务给出的建议。

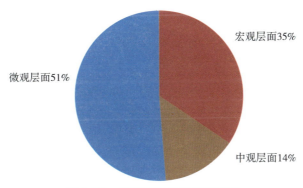

宏观层面35%

微观层面51%

中观层面14%

图 2-50　消费者提出的建议情况

（一）宏观层面

消费者的2800份有效留言中，有近1%的用户对整个互联网金融行业的发展提出了建议，主要包括以下几方面：（1）以人为本，换位思考，重视消费者的感受，从消费者的角度做好产品及售后维权路径，降低消费者的权益损失；（2）提升信息透明度，对产品条款进行详细披露，就重要信息给予显著标注，并尽可能对产品和服务做出通俗易懂的解释说明；（3）加强行业知识的宣传和普及，帮助更多用户尤其是中老年人了解并学会使用互联网金融；（4）希望行业能尽快得到清理，服务好的规范企业给予鼓励，同时淘汰违规运作、容易引起风险的投机企业。

约有25%的用户对监管寄予厚望，希望互联网金融从业者和消费者保护工作能够有法可依。具体包括：第一，希望能够明确监管主体及各自的职责，避免出现监管空白和消费者投诉无门、维权困难的情况；第二，希望能够出台专门针对互联网金融消费者保护的法律法规，建立有效的监管机制、审查机制、个人信息保护机制、营销机制、投诉机制等多方面规则来规范行业，建立防火墙，保障行业在合理的空间内去创新；第三，有部分消费者建议提高从业机构的违规成本，出台相应的处罚机制，通过严查重罚等手段对以霸王条款为代表的违规操作起到有效震慑作用；此外，还有5%的用户期待互联网金融行业自律组织能够在强化消费者权益保护方面发挥更大的作用，加强企业、行业自律和共同监督。

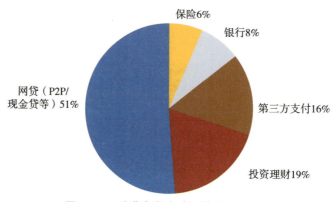

图 2-51　消费者留言涉及的各行业比例

（二）中观层面

2800份有效留言中，约有一成用户针对具体行业给出了相应建议。其中，用户针对包括P2P、现金贷在内的网贷行业提出的建议超过50%，侧面反映出该行业是数字金融及相关消费者权益保护领域最受关注的行业，其内容主要集中在以下几点：（1）贷款产品过度推销，骚扰电话烦扰不断，建议加强措施防范个人信息泄露，同时规范贷款机构对用户通讯录、社交账户等重要信息的采集和使用。（2）消费金融产品过度诱导，很多平台利用互联网消费信贷快捷、方便的特点，诱导年轻人冲动消费、过度消费，设置不合理高利率，或对可能的违约风险和违约代价不给予明确说明/强调。同时，高利贷、套路贷、非法集资等黑网贷现象严重，建议在批贷环节严格审核借款人资质，同时适当降低贷款利率，提供更加灵活的贷款额度设置。（3）建议牌照化管理"放贷"业务，政府机构应加强维护金融秩序，维护行业健康和消费者正当权益。

用户对投资理财类的关注度仅次于网贷类，相关建议占比19%。反映最多的问题与网贷类基本一致，主要是营销宣传所辐射的消费者权益方面，比如个人信息泄露、片面夸大收益、故意弱化风险提示等；另一个主要关注点集中在投资风险上。2019年资管新规"去刚兑"逐步落实，行业暴雷事件频发，投资者的风险识别能力和承受能力对维持整个投资理财行业的稳定性尤为重要。一些消费者建议：应要求销售机构对理财产品的底层资产、交易结构等可能造成风险的因素做到显著、明确提示，明示理财产品的发行方和销售方；同时，根据产品风险设立投资者适当性制度，通过各种渠道进行投资者风险教育；此外，希望政府能够在源头上严格执行行业准入制度，"宁少毋滥"。

在针对具体行业的所有留言中，有关第三方支付的也占到15%以上。与前述两个行业相比，消费者对于该行业的批评没有那么多，态度也更加积极一些，大多数消费者都对线上支付带来的便捷和好处给予肯定。反映最多的问题主要在支付场景方面，建议能够扩大支付场景到生活的方方面面，但在扩张的同时，也要做好对接场景的审核工作，避免某些场景的从业机构利用人们对支付机构的信赖而欺骗甚至诈骗消费者。其他还有少部分留言提到关联金融产品推销、资金安全、重复支付、额度限制、手续费政策等方面。

银行和保险类的消费者建议占比分别为8%和6%。其中，有关银行的问题反馈主要包括加强借款人资质审核、改进网银产品和服务等；对保险业的建议主要包括整改解决保险推销花样过多、协议条款繁杂、后续理赔难等问题。

（三）微观方面

所有留言中，有近1/3的具体到了单项消费者权益。

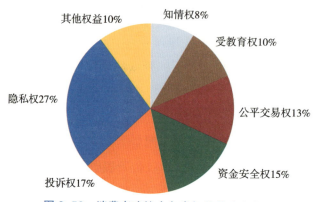

图 2-52　消费者建议中各类权益关注度占比

其中，有关消费者隐私权的留言占27%，这是用户最关心也最急迫保护的一项权益，建议中不乏"刻不容缓""最重要"等词汇。主要意见和建议集中在两方面：（1）APP产品的信息过度采集现象严重，应要求用户授权采集最有必要的个人信息；（2）骚扰电话太多不堪其扰，希望采集方对用户信息严格保密，未经授权不得以任何形式提供给任何第三方机构使用，不得滥用个人征信信息。

隐私权之后，反馈意见排在第二位的是投诉，占比17%。投诉无门、投诉无效、投诉无反馈、维权困难是消费者"怨气"最多的几个方面。针对这些问题，消费者的建议分别是：（1）设立严格的投诉机制，明确管理部门，让消费者投诉有门；（2）形成规范的投诉管理流程，积极处理各类投诉问题，处理进度透明化，最好承诺在一定期限内给予反馈；（3）畅通投诉渠道，增加客服种类，解决"智能客服""在线客服"形同虚设的问题，最好能有电话客服或投诉热线等方便中老年人的方式。

资金安全权的关注度处在第三位，占比15%。"投资安全"被提到的频率最高，除了部分涉及集资诈骗等危害消费者资金安全的违法行为外，大多数消费者对投资理财产品"不能保本""无法刚兑"表示无法接受，显示出投资者教育、投资者风险评估和投资者适当性依然是需要解决的问题。此外，"消费安全""账户被盗"问题也有消费者提及。

公平交易权、受教育权、知情权是消费者关注度较高的另外三项权益，反映出消费者希望数字金融从业机构的产品和服务能够少一点套路、多一些透明。此外，消费者对数字金融依然抱有浓厚兴趣，秉持开放心态，希望能有更多权威渠道帮助其科学地了解相关知识，体验相关产品。

第三章

对数字金融消费者权益保护工作的建议

数字金融并非金融的独立业态，而是金融业不断革新进程中的发展阶段，同样，数字金融的消费者权益保护也并非新生事物，我国金融监管及市场监管框架及规则体系，始终承担着消费者保护及行为监管的职责。2011年以来，伴随"一行三会"金融消费者权益保护局的组建成立，我国金融消费者权益保护的监管框架逐步搭建完成，与此同时，以市场监督、外汇管理、通信管理、网络安全管理等监管项下涉及消费者权益保护的规则同样适用于金融消费者保护，共同构成了当前数字金融保护的监管框架。

2014年《中华人民共和国消费者权益保护法》修订，明确金融消费者权益保护的适用规则。2015年《关于加强金融消费者权益保护的指导意见》对金融消费者的八大权益做出明确解释，对监管机构与从业机构提出工作要求，此外，中国人民银行陆续出台的《金融消费者权益保护实施办法》《关于进一步规范金融营销宣传行为的通知》、原银监会印发的《银行业消费者权益保护工作指引》《关于加强银行业消费者权益保护解决当前群众关切问题的指导意见》以及关于产品销售"双录"等要求、原保监会发布的《关于加强保险消费者权益保护工作的意见》、证监会发布的《关于加强证券期货投资者教育基地建设的指导意见》、国家市场监督总局（原工商总局）发布的《互联网广告管理暂行办法》、工信部、网信办、公安部等联合开展的《关于开展APP违法违规收集使用个人信息专项治理的公告》等，均从不同维度对消费者权益保护做出要求。

此外，中国国家标准化管理委员会、中国金融标准化技术委员会、中国互联网协会依据职责权限出台了多部规范性文件及标准化指引。伴随着针对互联网金融风险治理与乱象整治工作的扎实推进，《互联网金融风险专项整治工作实施办法》《网络借贷信息中介机构业务活动暂行管理办法》以及配套文件的出台，相关监管部门严格贯彻落实，数字金融的功能监管与行为监管进一步走向深入，数字金融消费者权益保护工作迈上新的台阶。

在看到丰硕成果的同时，结合调研反馈的数据，我们也注意到当前数字金融消费者权益保护中面临的挑战，包括法律制度体系、监管框架、从业机构经营行为、消费者金融素养等方面均有进一步改进和提升的空间，鼓励我们回应群众呼声，加强研究和探索。金融消费者权益保护是一项系统工程，需要法律法规、监管体系、行业协会、自律组织以及市场主体共同发挥作用。在面向从业企业和消费者的问卷调研外，编写组还组织了部分从业企业对当前开展数字金融消费者权益保护中面临的共性问题提出了建设性意见和建议，参与的企业包括第三方支付、银行、保险、助贷、证券等业态，现归纳总结如下，为建立更加综合、高效、协调、一致的数字金融消费者保护工作框架贡献力量。

第一节　当前数字金融消费者权益保护
工作中的挑战及建议

由于数字金融发展的特殊轨迹，创新模式不断变化，产品更新迭代频繁。数字金融从业机构中，不仅有传统金融机构通过发展部署科技力量打造的金控集团，也有通过科技型企业跨界发展而成的行业独角兽，还有很多在垂直细分领域深耕拓展的金融中介服务型公司，当前分业监管为主的形态面临一定的挑战。

一、面临的挑战

一是消保监管制度规范体系尚未形成。尽管有不少部门在相关制度规范中均有涉及消费者权益保护的内容，但总体来看，仍然缺乏系统性、全面性，覆盖机构不全，相关内容分散，效力等级不一，有些内容只是导向型规定，没有具体规则和罚则作为执行力保障。实践中，容易出现各家企业执行尺度不一的情况。此外，当前消保监管规则体系仍以传统金融业务为适用场景，不少条款无法直接适用于数字金融业态，而关涉数字金融特殊性的规则尚未形成，造成规则适用的空白。

二是监管体系协调不足，尚未全面覆盖。数字金融企业已经具备明显的混业经营特征，某些从业机构利用分业监管的漏洞，在法人设置、流程业务设计等方面规避监管要求，不当套利。不少从事基层消保工作的监管机构表示工作任务重，人力资源、技术支撑不足；数字金融的很多科技应用和法律知识储备不足。数字金融是面向全网的业务经营模式，而根据当前监管权限划分，归属于某些地方金融监管部门，客观上存在权责不匹配的现象。

三是数字金融从业企业的消保合规意识不足，工作能力有短板。正如调研中某些企业反馈的，"适用于该行业的消保规则还未建立"，在监管规则尚未全覆盖的情况下，不少从业机构对自己从事的金融业务的认识定位不足，没有经过传统金融机构的风险"洗礼"，合规经营文化尚未形成，对操作风险缺少敬畏之心，内部控制流程不健全，全面风险管理机制尚未建立。在绩效激励机制方面，偏重经营性数据，对影响消费者合法权益的数据选择性忽视。与之相应的是，消保工作人员被边缘化，将其作为业务保驾护航的一部分，维护消费者权益的第一道防线没有发挥应有的作用。此外，消保工作人员的知识结构与工作经验不足，发现和化解消保风险的能力不足，单纯注重体验与业绩，忽视风险提示与推动业务优化，还有从业机构投诉机制不健全，缺乏在投诉源头强化风险管理。

四是良性互通的多方对话与沟通机制缺乏。数字金融不仅是传统金融业务在互联网上的延伸，还有很多领域脱胎于数字技术在金融领域的创造性运用，在世界范围内都是崭新的课题，需要监管机构、行业组织、消费者协会、从业机构、消费者共同参与创建具有合议性、民主性的规则治理体系，由于缺少经常性的沟通交流机制，各方闷头干活儿，自说自话，互相间缺少信任，更缺少多层次深度沟通与对标的机会。

五是金融消费者金融素养仍需大力提升，对数字金融的风险防范能力有待提高。调研显示了消费者对数字金融带来的普惠便利的充分认可，但也显示出对数字金融产品和服务的复杂性和特定风险认识不足，"买者责任"认知不充分，涉及重要权利义务告知的合同、规则不理解甚至不愿看"合同"的情况。在特定群体中，青少年、老年人、较低学历、低收入和农村居民的辨识能力更弱，更容易受到违规行为的侵害，需要有针对性地提升其金融知识素养。

二、相关建议

（一）法律规范方面

1. 完善法律规则适用

建议进一步完善可覆盖所有从业机构的金融消费者权益保护法律规范体系，针对数字金融的特殊业务属性，进行专门或专章立法规范，明确这一领域的法律适用标准和规则。在针对妨碍维权因素的调研中显示，23.73%的消费者表示法律或监管规则不够具体清晰。我们建议针对金融消费者享有的八大权益，明确更为详细的正向行为规范和对应的侵权判断标准，同时，辅之以司法解释与部门规范文件，逐步搭建具有可操作性的消费者权益保护法律规则体系。这不仅有利于金融消费者在面对纷繁多样的数字金融产品服务时能够更加简易地判断自己的合法权益是否受到侵犯，也有利于地方执法机构建立完善的执法检查流程与内容，更有利于企业的消保、内控、风险管理部门进行"有理有据"的事前防范，从源头上控制侵害消费者合法权益的事件发生。

2. 维权规则的倾向性保护

数字金融消费者既有别于普通消费者，与传统金融消费者也有一定差别，在适用范围、维权渠道、举证规则等方面可以进行特殊规定。例如，调研中，23.77%的消费者认为难以拿出有力证据证明侵权是当前阻碍其有效维权的因素。数字金融领域的证据材料均以电子形式呈现，消费者点击一闪而过的推送即可进入交易界面，如果这个推送消息涉嫌交易误导，消费者想找到证据证明受到误导比较困难，相较于消费者，企业有能力保存和调取相应的数据资料。建议在区分情形的条件下，将举证责任归为从业机构，倒逼从业机构加强合规经营。

3. 拓宽维权方式

数字金融强大的流量特征让经济学上的"搭便车效应"更为凸显，单个消费者的维权成本与其个人的收益相比无法对等，客观上形成了"沉默的大多数"。以"个人信息保护"为例，从问卷反馈的热词分析看，消费者普遍关注个人信息安全方面的话题，但实际生活中，能真正发起有意义的诉讼的案例却非常少。在司法救济的方式上，明确公益诉讼或集团诉讼，赋予更多社会组织或个人进行代表诉讼，赋予惩罚性救济的权利，借助社会力量推动行业善治。

（二）金融监管方面

1. 期待更加协调统一的监管框架及基础设施

2017年全国金融工作会议上，习近平总书记指出："强化监管，提高防范化解金融风险能力。要以强化金融监管为重点，以防范系统性金融风险为底线，加快相关法律法规建设，完善金融机构法人治理结构，加强宏观审慎管理制度建设，加强功能监管，更加重视行为监管。"我们期待针对数字金融的混业经营模式，加快推进监管改革，科学整合现有的金融消费者保护框架，进一步消弭监管空白与监管重叠，线上线下执法标准一致。根据业态区分，明确适用于所有金融从业机构的保护消费者行为规范与通用标准，提高消费者权益保护的协同性。

在明确部门、央地权责的基础上，监管机构之间可搭建监管信息共享平台，并统一受理和处置投诉渠道，建立面向金融行业的投诉受理中心。调研中，超过60%的消费者在遇到维权需求时倾向于向监管部门投诉，25.36%的消费者表示目前的维权渠道不够便捷通畅。如能建立统一投诉受理平台，明确维权渠道，让消费者只打一个电话就能定位管理部门，则可很大程度上降低消费者投诉无门或多头监管导致的低效沟通。同时，消费者投诉大数据将更好地得到分析和运用，将更好地为精准监管奠定信息化基础。

2. 建立畅通的沟通交流机制，探索多元化的治理模式

数字金融行业正在经历蓬勃发展阶段，科学、合理、有效的行业规则体系正在逐步形成，需要监管机构、消费者维权组织及代表、行业自律组织、从业机构等市场参与主体共同参与，搭建更为开放、民主、透明和常态化的沟通交流平台与多层次的协商对话机制。通过信任对话与深层次沟通，监管机构可以更加深入地了解市场动态变化、被监管企业的文化价值观、法人治理及组织架构、风险管控模式、激励机制、高管情况及人力资源情况，为民主科学决策奠定更坚实基础，从业机构与消费者代表也可以通过频繁的交流沟通，更理性地感知监管政策意图，培养监管政策执行的自觉性，打造"共建、共治、共享"数字金融行业治理新生态。

3. 共同推动金融监管科技与行为监管实践

2019年，中国人民银行进一步加快监管科技应用实践，出台《金融科技（FinTech）发展规划（2019—2021年）》，准确把握金融科技发展新要求，全面提升科技支撑能力，发挥科技引领作用，助力防控金融风险。数字金融作为技术运用的先行者理应参与到监管科技的发展进程之中，监管机关集思广益充分吸收当前大数据、云计算、区块链的成熟经验与做法，通过实施监控风险数据与指标，及时发现违规经营行为，开展风险预警。通过AI深度学习技术，提升舆情监测辅助决策，更好地感知消费者声音与舆情风险，加强舆论引导，利用区块链技术公开透明、不易篡改的属性，持续动态监控经营行为，加强监管数据信息的储存和共享。利用云计算突破大规模数据处理的系统扩容限制，拓展监管信息应用的多元化应用场景。

（三）从业企业方面

1. 切实提高消费者权益保护意识

从针对数字金融从业企业的调研看，在消保工作部门机构设置、人力资源、预算保障等方面，还有不少从业机构投入力度不够，与其业务发展规模不相适应，反映了对消保工作认识和重视程度不足的问题。消保工作有效落地不仅要体现在"一把手"的讲话报告里，更要体现在机构经营理念、企业文化价值观与发展战略，以及每一种产品与服务流程中。需要企业从根本上认识到保护好消费者的合法权益，是关系到企业能否可持续健康发展的百年大计。为此，应当真正落地"客户第一"的经营理念，明确董事会、高管层、前台部门、中后台部门每个层级的角色和职责，各司其职，责任到人。数字金融与传统金融的重要区别之一就是场景丰富、产品多样且迭代速度快，以传统方法核定人力投入显然无法应对数字金融的高频场景，且不少从业机构还存在以业务部门、客服部门、法务部门岗位兼职消保工作的情况，某种程度上存在着利益冲突，难以兼顾。消保工作"以人为本"，从业企业必须提高重视加大投入，才能夯实消保工作的根基。

2. 加强消保内控流程建设

观念影响制度，制度塑造行为。消费者权益保护理念的实践需要健全的公司治理与内控治理为保障，缺失内控流程与风险治理的机构，必然会导致更高的操作风险。调研中，不少企业表达了消保部门难以参与到产品服务的开发设计环节，无法事前发现问题，投诉甚至诉讼来了才开始处置风险。消保部门要改"救火队"为"防疫站"，将消保风险纳入全面风险管理体系。制定覆盖产品生命全周期的事前、事中、事后的全流程管控机制，以及"三道防线"的分工问责机制与奖惩机制，要求业务部门必须经过消保部门的审核产品才能上线，消保部门应当拥有直达董事会的"汇报权"和产品上线前的"否决权"与申请产品下线的"提议权"。

3. 科学管理内部激励机制

调研中，不少数字金融企业把业务发展作为唯一的"KPI"，绩效考核标准单一，过于追求业务的扩展，诱发业务部门过度营销，甚至违规经营，导致侵犯消费者权益的现象发生。消保部门相比业务部门处于"弱势"地位，其薪酬也与经营绩效挂钩，产生了"即便发现业务违规也不敢发声、不想发声"的情况。这种短期行为导致消费者权益的损害，给金融机构带来声誉风险与法律风险，更伤及消费者对数字金融市场的信心。从业企业要提高认识，着眼长远，科学合理界定绩效目标，提高合规经营类指标、风险管理类指标的比重。不仅要有业务经营的"红黑榜"，也要有客户满意度、合规经营的"红黑榜"，真正着眼于为消费者创造价值。针对消保工作人员，更要设计好薪酬激励机制，不能简单与经营绩效挂钩，也要与其发现消保风险并推动解决消费者问题的能力相挂钩，避免自身存在利益冲突。

4. 提升消费者权益保护部门的技术设施与工作水平

如前所述，数字金融产品的更新迭代快、业务场景不断拓展，依靠传统的送审、合议模式难以覆盖企业务场景的消保风险。消保部门必须加快探索和建立基于大数据分析、AI算法等的监测工具，通过全网渠道抓取和定位消费者权益存在的风险，提高主动甄别、事前介入的能力。与此同时，数字金融的消保工作人员也应当不断加强学习与沟通交流，完善知识结构，不仅要懂金融、懂合规也要懂技术，了解和掌握数字金融中的技术性风险，才能真正做好数字金融的消费者权益保护。

（四）关于行业协会、维权组织方面

2016年3月25日，经国务院批准，中国互联网金融协会正式成立，承担加强行业自律、促进行业规范发展、保护消费者权益、发挥市场主体创新活力等多个方面的职能，动员多方力量，持续开展有针对性的数字金融消费者教育活动，倡导建立加强数字金融消费者权益保护的长效机制，取得了良好效果。正如世界银行扶贫咨询组织（CGAP）《在新兴市场和发展中经济体实行消费者保护》中的建议，监管者除了在公开言论和官方渠道明确阐述消保监督的目的，还需要与金融消费者保护相关的政府和非政府机构建立功能性合作和协调机制，合作与协作框架包括信息共享、开展合作、协调对全市场范围内消费者问题的监管回应以及发布联合公开声明，并与业界就消费者问题进行沟通，实现共同的政策和监督目标。建议行业协会能够借助自身优势，广泛激发和调动来自从业机构、消费者协会、维权代表的积极性，搭建灵活多样的、高频率的沟通机制与平台，开展体验式的交流活动，推动行业治理与消费者保护工作形成

共识。开展柔性治理的实践与探索，加强消费者权益保护的专题研究，适时出台行业自律规则，倡导行业头部企业的表率作用，输出治理能力与经验，共同营造消费者权益保护的良性生态。

（五）关于第三方纠纷化解机制

为保护金融消费者合法权益，防范化解金融风险，促进金融业持续健康发展，2019年11月，最高人民法院、中国人民银行、银保监会联合印发《关于全面推进金融纠纷多元化解机制建设的意见》，明确了经金融纠纷调解后达成的调解协议可向人民法院申请确认其效力，法院诉讼服务中心与金融纠纷调解组织建立双向合作机制，多措并举提升多元化纠纷解决机制的执行力与公信力。实践中，多地金融纠纷调解组织与地方人民法院开展了形式多样的合作，受案量逐年提升，为消费者高效解决纠纷提供了多维度的便利，但相对于流向监管的投诉数量和走进法院的诉讼案件量，第三方纠纷化解机制还有进一步发挥功能的空间。

调研中，我们发现消费者在与金融机构发生纠纷或有维权意愿时，超过60%的消费者倾向于向金融监管部门寻求解决。在针对是否愿意将纠纷提及第三方机构通过调解等方式解决时，48.93%的消费者愿意提交但不一定接受结果；39.80%的消费者表示愿意提交并接受结果，还有11.27%的消费者表示不愿意。可见，对于推进第三方纠纷化解落地执行还需要在"结果"的可接受程度上下足功夫，除持续提升调解评估效力的专业性与中立性，赋予"调解结果"强制执行力外，还可借鉴英国的申诉专员制度（FOS）和澳大利亚的督察员机制（OBSI），明确调解程序的前置效力与一定程度的终局效力，防止纠纷回流，降低纠纷的社会处理成本。

在进一步提高争端解决独立性、权威性，确保程序性规则的公开、公正、透明的基础上，借鉴仲裁程序和司法程序中的民主性特殊，吸纳包括行业自律机构、监管机构、司法机构、消费者维权机构的专家以及消费者代表组成评审委员会，并可由消费者进行选择，及时地公布消费者的相关争议以及处理结果，特别是消费者或金融机构不同意结果的原因。定期开展统计和分析，提出面向监管和从业机构的改进意见，明确金融教育措施，以帮助建立更加和谐有机良性互动的金融消费生态。

（六）关于金融消费者素养

综合调研结果，我们可以看出数字金融消费者是高度关注自身合法权益的（参见热词分析部分），但是落实在实际行动中时，愿意认真提升金融素养，审慎消费金融产品，进行理性投资决策的占比却不是很高（参见阅读产品合同、了解产品风险相关调研），我们建议从以下几个方面提升金融素养知识，特别是数字金融相关的知识。

1. 鼓励数字金融企业重视金融消费者素养提升

行为经济学（金融学）的研究表明，消费者存在过度自信、有限注意力、锚定效应等违背理性选择的行为偏差，并存在金融机构利用消费者行为偏差牟利的现象。应当鼓励从业企业不仅能够判断消费者存在的行为偏差，对利用行为偏差牟利的行为进行规制，并且要通过多种方式鼓励从业机构重视金融消费者素养提升。包括"一行两会"、行业协会在内的多家组织，每年都会结合热点问题开展金融消费者权益保护知识宣传，建议加大对相关活动的统筹协调与监督落实。不仅要求从业机构完成"动作打卡"，更要定期评估企业开展宣教活动质效，活动质效应当与消费者反馈相结合。例如，实践中已有企业通过活动前与活动后分别开展消费者在线测试的方式，考察活动取得的实效。此外，也可通过组织"晒成绩"的方式"奖勤罚懒"，对外披露各家从业机构开展活动取得的"成绩单"，通过"神秘人"的方式深入知识普及活动中，调查了解从业机构开展活动的实际情况。

2. 构建多元化的金融知识来源渠道

我们在调研消费者目前金融知识学习的途径和期待的金融知识学习途径时发现，金融机构资讯、政府部门宣传资讯、研究机构报告、学校或培训机构，甚至是亲朋好友都是消费者获取知识的渠道，而消费者更多希望从政府部门、研究机构获得直接的金融知识，建议相关部门与包括从业机构在内的市场主体合作，结合行业属性、地域特色加大面向金融消费者的"知识内容"供给量。特别是利用好投诉舆情大数据，针对消费者普遍关注的热点、痛点、堵点问题，提供多层次的金融知识产品。

3. 打造消费者感兴趣的知识学习形式

在调研消费者感兴趣的金融知识学习形式时发现，最受消费者欢迎的是微信、微博、今日头条等平台的主动推送；其次是互联网信息搜索，专业书籍或课程，短视频或连载漫画；较少的消费者选择游戏或有奖答题和线下集中式的教育宣传。与此同时，不少机构反馈每年开展金融消费者教育的投入不小，单传统驻点展台的方式对消费者的吸引力有限。金融知识宣传与教育的展现形式必须有所革新，建立微信微博推送、在线慕课、连载视频、漫画多维度的宣传载体。同时要结合"消费者画像"定制宣传产品，打造"宏观"+"微观"的特殊金融宣传教育计划，既要有受众广泛的金融教育纲要，面向全社会充分调动政府、非政府组织，企业经营者积极性，同时要借助于大数据、AI算法等技术力量，根据消费者的需求，发展形式多元"千人千面"的数字教育机制，确保消费者获得个性化的金融知识。

第二节 当前数字金融消费者权益保护关注热点及发展建议

一、大数据技术与个人信息安全

（一）现状与挑战

正如调研数据显示，大约49%的消费者对"大数据"等技术持谨慎态度，认为应当合理利用技术，注重风险防范。2019年，中国信通院发布的《移动金融应用安全白皮书》中，抽样选取了12款下载量过亿的金融行业APP，均存在不同程度的超范围权限采集现象。上述APP共获取了29种高敏感权限、15种中敏感权限、33种低敏感权限。高敏感权限包括读取手机状态和身份、修改或删除存储卡中的内容、读取系统日志等。2019年9月，有个别第三方数据风控公司相关负责人被警方带走调查，拉开了行业大整顿的序幕。2019年12月，国家网络安全通报中心发文通报下架整改100款违法违规APP，整改重点针对无隐私协议、收集使用个人信息范围描述不清、超范围采集个人信息和非必要采集个人信息等情形。针对金融领域的个人信息保护，中国人民银行发布《关于发布金融行业标准加强移动金融客户端应用软件安全管理的通知》（银发〔2019〕237号），针对移动金融APP的安全问题，从提升安全防护能力、加强个人金融信息保护、提高风险监测能力、健全投诉处理机制、强化行业自律管理五大方面进行管理规范。与此同时，央行还发布了《移动金融客户端应用软件安全管理规范》，对2012年出台的《中国金融移动支付客户端技术规范》相关技术标准进行了完善，其中包括将"人机交互安全"改成"身份认证安全"，增加了"不收集与所提供服务无关的个人金融信息，收集个人金融信息前需经用户明示同意，不得变相强迫用户授权，不得违反收集使用个人金融信息"等要求。此外，《个人金融信息（数据）保护试行办法（初稿）》已经出炉，拟规定金融机构不得从非法从事个人征信业务活动的第三方获取个人金融信息；不得以

"概括授权"的方式取得信息主体对收集、处理、使用和对外提供其个人金融信息的同意。

此外，237号文不仅提出要加强移动金融APP的监管力度，更明确了移动金融APP在保险、证券、银行等金融行业的安全建设标准，强调要进行实名备案制。

2019年初，中央网信办、工业和信息化部、公安部、市场监管总局联合开展APP违法违规收集使用个人信息专项治理。2020年1月，APP专项治理工作组详细披露了近千款APP评估中存在的典型问题，并对具体违规行为进行了分析，其中，金融类APP违规问题较多。对比《APP违法违规收集使用个人信息行为认定方法》，APP中涉及的典型问题包括："未公开收集使用规则"，如无隐私权政策或内容形式不规范、"未明示收集使用个人信息的目的、方式和范围"、"未经用户同意收集使用曝光个人信息"、"违反必要原则，收集与其提供的服务无关的个人信息"、"未经同意向他人提供个人信息"，"未按法律规定提供删除或更正个人信息功能"，"未公布投诉、举报方式等信息"等行为。金融类APP中，存在的问题则主要包括"未明示收集的应用程序列表等个人信息的目的、方式和范围；以默认选择同意隐私政策的非明示方式征求用户同意；隐私政策难以访问、隐私政策难以阅读、为注销用户账号设置不合理条件"等问题。金融行业大数据利用从快速生长时代进入了正规化管理时期，各方参与共同推进行业善治。

（二）相关建议

考察金融类APP超范围收集个人信息的原因，除了极少数从事扒取倒卖个人信息以及内控不严、管理不善导致的违法违规经营者外，企业收集个人信息，一是考虑风控需要，例如反欺诈需要用户的行为信息，二是产品和服务的尽职调查和贷后管理，例如催收等，三是为了拓展客户群体，挖掘客户需求，形成生态共赢，扩大产品服务的覆盖面，例如进行精准营销与推荐服务。信息在数字金融行业具有核心地位，如何在确保消费者个人信息安全的前提下，保障数字金融的繁荣健康发展，推动大数据发展走上"法治化"的道路是整个行业应当思考和实践的重要课题。为此，我们建议：

一是继续推动信息保护的立法完善。目前我国有关个人信息保护的规范性文件总体而言仍然存在体系性不强、操作性不强、处罚措施不明晰等缺点。为此，建议相关立法及监管部门进一步加强立法及规则制定，以形成完备、高效的法律体系。目前，国际上已经有很多国家出台了针对个人信息保护的法律法规，比如欧盟颁布的《通用数据保护条例》（GDPR）以及美国加州制定的《加州消费者隐私法案》（CCPA）等。这些法律法规对个人信息收集、使用等行为的流程、信息控制者的责任和义务，以及信息当事人的权利都进行了较为细致的规定。我国的立法可适当借鉴这些国外的个人信息保护法，在完善规则的同时也能与国际接轨，在跨国贸易的人背景下增强法律的适用性。

二是加快政府数据开放共享，"关小门，开大门"推动资源整合。2015年，国务院印发《促进大数据发展行动纲要》，着力推动政府信息系统和公共数据互联开放共享，加快政府信息平台整合，消除信息孤岛，推进数据资源向社会开放，增强政府公信力，引导社会发展，服务公众企业；以企业为主体，营造宽松公平环境，加大大数据关键技术研发、产业发展和人才培养力度，着力推进数据汇集和发掘，深化大数据在各行业创新应用。充分发掘公共部门掌握的信息资源，形成覆盖全国的数据共享大平台，将极大地为数字金融产品带来便利。

三是研究建立企业"数据新型财产权"体系，确保数据产业驶入法治时代。已有学者研究指出，大数据时代，数据经济突飞猛进。从业者通过新的数据技术，可以收集大量有价值的数据，产生利用这些数据的强烈的利益驱动力，大数据被演化成为创造巨大价值的新型资源和方法，例如从事开发储存、分析、服务的各种新技术、新平台，持续提升数据收集、储存和分析能力，不断拓展大数据在工商业和管理上的应用。数据已经成为一种新型资产，成为企业的核心竞争力，也越来越被市场赋予巨大的商业价值。在保护个人隐私安全的前提下，建议区分信息呈现形态与适用阶段，衡平性地保护经营者的创造力与财产属性的权利，确保数据资产交易合法流转。

四是着力推动行业自治。任何监管政策的落地都有"最后一公里"，确保消费者个人信息安全无小事，只有从业企业从公司文化建设、经营战略到内控治理体系流程均将消费者个人信息置于重要地位，将个人信息保护原则和要求内嵌于业务流程、产品设计、信息技术系统建设中，一旦出现违规，加大问责力度，直至追究法律责任，才能确保整个经营链路的信息安全。

二、人工智能与公平权

（一）现状与挑战

人工智能算法在数字金融领域应用较为广泛的有信用评分产品，信用模型主要是基于借款人的还款能力、还款意愿、稳定性水平等数据，利用算法对其进行打分、排序，便于金融机构更准确地评估借款人风险，其中如婚姻状况、年龄、地域、性别等一些变量的引入容易引发"信贷歧视"的问题。

"信贷歧视"，美国政府官方网站给出的定义是：金融机构在贷款交易过程中，基于一定的特征区别对待申请人，如性别、种族、年龄和婚姻状况都属于歧视性变量。1974 年美国通过的《美国信贷机会均等法》中禁止基于种族、性别、宗教等原因的歧视行为，因此在FICO信用评分模型中，客户的性别、种族、宗教、国籍和婚姻状况等因素，都不会对信用评分产生任何影响。

在国内的信用模型中，歧视性变量依然在金融机构中被广泛使用。一方面这些指标对于区分借款人信用风险有较好的效果，以婚姻状况为例，金融机构通常认为已婚申请人的偿债能力强于未婚、离异的申请人，对于已婚这一变量也可以具体细分为已婚有子女和已婚无子女，其中有子女的家庭通常被认为比无子女的家庭更具有偿付能力，而通过样本表现分析的结果发现，婚姻状况确实对借款人的信用风险有一定影响。另一方面，金融机构用于评判借款人的风险往往依赖人行征信数据、申请表数据及客户提交的其他资料，用于判断客户风险的变量维度较为单一，需要借助歧视性变量进行风险的综合评估。"信用歧视"一旦发生，很容易为金融机构带来声誉风险和处罚，因此监管机构应该尽快明确可以用于判断客户风险的信息范围，另一方面应当拓展替代性数据（引入外部可信第三方数据，借助风险表现更好的用户行为数据、消费数据等）替代歧视性变量应用。

随着人工智能的发展，金融领域已经进入智能时代，通过大数据的精准画像，人工智能算法可以让金融机构更好地识别消费者偏好，从而更好地提供商品和服务，推动整个社会的运行变得更高效、更公平。但实际上，我们在享受算法带来便利的同时，也在不知不觉中感受到智能算法带来的问题，主要体现在以下几点：

首先，算法可能并没有想象的那么准确。大数据的算法往往先用来分析整体属性，然后将这样的算法应用于评估个体上，比如在风控建模时，往往是通过抽取历史有表现的客户数据，分析历史客户的属性信息进而搭建信用评估模型，用于评估新的借款人的风险情况，这样的算法在大部分情况下有效，但也可能造成一部分的误杀，如通过数据分析发现某偏远地区的客户坏账率比较高，在规则设置的时候将该区域的人作为拒绝规则，而对于生活在这一区域且价值能力比较高的人有借款需求时，就会将这部分人拒绝，从而造成了误杀，为保证风控运行的效率，这部分误杀常常被金融机构所容忍。

其次，算法本身可能就蕴含着歧视性。很多算法在设计的时候只考虑了相关性，而没有考虑因果关系，这让它们在表面公正的背后，蕴含了对部分人的歧视。例如，通过数据分析发现，针对蓝领、农民工等相对下沉的客群，金融机构往往偏向于推广额度更低、利率更高的产品，而往往这部分人的收入水平较低，高利率导致其偿还能力更差，坏账率更高。若是以坏账率为理由，对这部分客群进一步施加歧视，导致此类客群的坏账率进一步提升，更是佐证了模型的有效性。一般来说，算法的歧视性很难反驳，因为它们往往会自我实现，似乎也很难对这样的算法霸权提出质疑。

最后，算法的精准也常常会被滥用，如信贷产品的精准营销。从理论上讲，精准营销可以通过对个体特征的识别，更好地识别个体偏好，从而在推送上更符合其需求。在实际应用时，一些不法分子往往利用营销模型，将一些高利贷/套路贷产品，或者存在隐私或风险隐患的贷款产品推送给借款需求较强的人，利用其资金短缺迫切需要贷款的心理，让借款人背负高额借款债台高筑。

（二）相关建议

算法的有限公开能够有效地增加算法透明度，并在一定程度上弥补现有算法的技术风险和适用缺陷。美国联邦贸易委员会消费者保护局（CFPB）成立的技术研究和调查办公室即负责独立研究并就包括算法透明度在内的若干问题进行指导。美国计算机协会（ACM）也于2017年提出了算法透明性和可问责性的7项原则（Principles for Algorithmic Transparency and Accountability，2017），其中包括：

1. 注意义务（Awareness）：算法的权利人、设计者、构建者、用户和其他利益相关者应该意识到它们的设计、实现和使用中可能涉及的偏差，以及偏差可能对个人和社会造成的潜在危害。

2. 救济的机会（Access and redress）：监管机构应鼓励采用能够对受到算法决定不利影响的个人和群体进行质询和补救的机制。

3. 可问责性（Accountability）：不论是否能够详细解释该结果为何产生，机构都应该对其使用的算法所做的决策负责。

4. 可解释原则（Explanation）：鼓励使用算法决策的系统和机构就算法所遵循的程序和做出的具体决策提供说明。这在公共政策背景下尤为重要。

5. 数据来源（Data Provenance）：对收集训练数据的方式的描述应由算法构建者维护，同时应探索人们或算法数据收集过程引起的潜在偏差。公众对数据的审查提供了最大的更正机会。然而，出于对隐私安全、保护商业秘密或可能导致恶意行为者损害系统的担忧，可以限制合格和授权的访问的合理性。

6. 可审核性（Auditability）：模型、算法、数据和决策应当存档记录，以便在怀疑发生损害的情况下可对其进行审计。

7. 验证和测试（Validation and Testing）：机构应使用严格的方法验证其模型，并将这些方法和结果记录在案。特别是应该定期执行测试，以评估和确定模型是否产生歧视性损害。鼓励各机构将此类检测结果公布于众。

实践中，有的金融机构会要求算法应具备"透明性"和"可解释性"，避免黑箱操作，降低霸权风险，而现下流行的机器学习、神经网络等算法，往往算法越精巧、越准确，其复杂性就越高，越难解释，监管过程也更难。

ACM的原则框架为我们在数字金融中关注算法可能带来的问题提供了治理思路，一是建立从业机构的行为规范与规则原则，例如对构建算法模型的相关决策、原则等留档，并能够解释其运行规则，预估产生的不利因素。二是对算法带来的不利后果承担相应责任，同时赋予怀疑受到损害的一方可以申请机构披露其决策的原则和依据。三是鼓励从业机构评估和确定模型是否产生歧视性损害，并将结果公布于众。归根结底，算法的科学与正确利用，可以减少人类不理性原因导致的歧视，但也可加剧现有的歧视或产生新的歧视。基于算法决策的复杂性和隐蔽性，对于合理算法标准的含义和内容尚存争议，需要监管机构、从业机构、科研机构进一步的深入探索与交流。

三、营销宣传

（一）现状与挑战

2019年12月，为进一步规范金融营销宣传行为，支持打好防范化解重大金融风险攻坚战，切实保护广大金融消费者的合法权益，人民银行、银保监会、证监会和外汇局联合制定并发布《关于进一步规范金融营销宣传行为的通知》（银发〔2019〕316号），《通知》对现行相关法律、法规、规章及规范性文件中关于金融营销宣传行为规定进行了系统性梳理，对防范化解重大金融风险攻坚战任务分工、关于金融营销宣传行为监管相关要求作出具体部署，并对银行业、证券业、保险业等金融细分行业营销宣传行为一般性特点研究总结后提炼出统一性规范要求。主要内容包括：一是明确金融营销宣传资质要求，市场经营主体须在取得相应金融业务经营资质的前提下方可自行开展或委托他人开展金融营销宣传活动；二是明确监管部门职责，国务院金融管理部门及其分支机构或派出机构应当按照法定职责分工切实做好金融营销宣传行为监督管理工作，并与地方政府相关部门加强合作，推动落实对本辖区内金融营销宣传行为及涉及金融的非法营销宣传活动的监管职责；三是明确金融营销宣传行为规范，在金融营销宣传规范管理和行为要求等方面对金融产品或金融服务经营者提出具体要求。《通知》的发布回应了"非持牌机构的金融广告如何监管、由谁负责监管，监管机构之间的职责划分，非法金融广告的定义和判断标准，非法金融广告发布者与广告经营者的责任承担"，有利于统一金融营销宣传行为监管尺度，解决金融营销宣传行为监管所面临突出问题，督促数字金融从业企业规范开展营销宣传活动，对于切实保护金融消费者合法权益、支持防范化解金融风险具有重要意义。

针对数字金融领域的广告乱象，早在2016年，国家工商总局等十七部门联合印发《关于开展互联网金融广告及以投资理财名义从事金融活动风险专项整治工作实施方案》（工商办字〔2016〕61号），该方案将互联网金融中涉嫌非法集资广告排查整治作为工作重点，对市场进行了有力的激浊扬清。2017年，人民银行根据形势所需，围绕开展金融广告治理专门部署，明确治理目标、推进原则与具体要求，再度吹响整治的"集结号"，印发《关于开展金融广告治理工作的通知》，围绕开展金融广告治理部署工作。要求各分支机构按照《广告法》《消费者权益保护法》《反不正当竞争法》等法律以及金融管理规定的要求，依法履行金融广告管理职责，把金融广告治理工作与贯彻落实金融消费者权益保护工作相结合，重在引导相关机构依法依规开展广告宣传活动，促使相关机构重视金融消费者权益保护工作，并委托中国互联网金融协会开展金融广告监测工作。

经过多年行业共治，我们可明显地感觉到互联网金融广告治理取得显著效果，但从消费者投诉情况来看，涉嫌虚假广告、不当诱导仍然多发。一是消费者非法金融广告识别与防范能力较弱。不少投资者不能清晰地认识投资风险。这些数据反映了当前我国金融消费者知识缺乏、风险意识薄弱、素养水平较低。从相关金融事件爆发后情况分析来看，很多老百姓上当受骗的最初原因均是消费之初对产品的认识不足、风险意识淡薄、金融知识缺乏所致。二是市场主体对消费者权益保护意识不强。金融机构经营的最大目标是追求高额利润，规避金融监管，部分互联网金融公司甚至以高盈利覆盖高风险为宗旨，无视客户权益保护。而公司发布的广告作为消费者了解金融产品与服务的第一手资料，常常只宣传产品与服务的便利性、高效性，混杂着含糊不清、模棱两可的诱导性用语，对产品与服务的高利率、高风险避而不谈，导致客户无法甄别其内容背后的真实情况；甚至个别企业有意制造压力氛围，诱导客户上钩，侵害其知情权。

（二）相关建议

一是以保护金融消费者合法权益为核心，加强监管要求执行落地，建议监管部门进一步重点对金融广告定义和形态进行描述、金融广告内容包含的必要事项和禁止事项、金融广告事前审查制度、应予禁止的金融广告行为、非法金融广告的监测甄别和处置、非法金融广告的民事责任、行政处罚甚至刑事责任等进行明确规定。英国金融广告监管机关的营销监管"黑名单"制度值得借鉴。违反监管要求的金融主体将被纳入"黑名单"，在一定期限内，其发布的广告将无法进行备案审查或者会面临强制预审程序等。此外，建议充分发挥各地违法广告整治联席会议机制的作用，组织开展联合执法，在实践中进一步健全完善部门间协作联动机制。重点加强在中小城市和农村地区定向推动的金融广告监测。

二是从业机构要提高认识，利用技术手段加强事前审查，从业机构应当建立健全金融广告事前流程审查机制，并定期接受监管检查，落实广告管理的主体责任。与英美等金融营销监管的先行国家相比，我国行业协会在数字金融营销方面还有较大的作用空间。相比政府部门，行业协会对行业市场及企业的情况更为熟悉，能够有效地推动企业的金融营销管理。为此，建议充分发挥金融类行业协会、广告类行业协会等自律组织的自律审查作用，组织对金融广告进行抽查，或为数字金融行业内的各类服务起草制定更为细化的准则、标准。

三是加强涉及金融广告的知识普及和金融消费者教育工作，向金融消费者宣传普及金融广告的基本知识、救济途径等，引导社会公众增强防范意识，提高对违法违规广告和金融风险的辨别能力，提升打击违法违规金融广告的意识。充分利用现有的投诉举报机制，畅通违法违规金融广告行为的投诉和举报渠道。探索建立有奖举报制度，对于向监管部门提供线索且经查证属实的举报人给予物质奖励，提高消费者参与非法金融广告治理的积极性。

第四章

从业机构实践案例

支付宝：数智技术开道，探索金融消保宣教新通路

支付宝长期严格贯彻落实"客户第一"的价值理念，高度重视消费者权益保护工作，将"解决社会问题和创造社会价值"融合于商业模式，坚持守正创新，致力于探索新时代下消费者权益保护宣教工作的新形式与新意涵。

一、模式创新，构建行业新生态

（一）创新打造金融教育数字平台——"OK课堂"

为切实帮助亿万消费者畅享普惠金融的服务增值及美好体验，支付宝在APP端推出消费者教育新平台"OK课堂"小程序。"OK课堂"贴合消费者金融需求，依托支付宝大数据能力，创新搭建数字化教育的聚合模式：通过设置"支付安全""征信借贷""投资理财""生态环境"及"身边生活"等不同主题的知识权益包，供用户自主学习答题"闯关"；以消费者喜闻乐见的直播、短视频为内容载体，结合陪伴式互动体验和特色公益玩法，提升学习积极性，同步多方位追踪学习数据，不断完善教育实效。"OK课堂"现已推出消费

图 4-1　支付宝 APP 搜索"OK 课堂"小程序

者权益保护教育专项活动3场，教育累计覆盖3.2亿人次，超过680万人在小程序内学习互动。

（二）智能助力，行业首创反诈骗"叫醒热线"

支付宝推出行业首个反诈骗"叫醒热线"：当识别到交易存在诈骗风险时，不仅会阻止交易，还会主动致电用户，揭示骗局风险。"叫醒热线"通过数据解析和智能派单，帮助客服快速定位超过一定金额的疑似诈骗交易行为，由客服主动拨打电话进行人工提醒，防止消费者在其他渠道被骗。目前从识别风险到拨出电话，已能做到"分钟级"响应，上线至今主动服务了122万用户，止损金额达2.63亿元。2020年，支付宝进一步升级叫醒服务，联合中国警察网共同发起"叫醒计划"，首位"公益叫醒官"撒贝宁和支付宝客服一起"花式"叫醒受骗消费者，提升服务影响力。

图4-2 支付宝官方用短视频、图文等创新多媒体形式推出"叫醒热线"

（三）多方共建金融消费者教育横向机制——"扫雷行动"

面对信息不对称、知识不对称、技术不对称等问题，支付宝发起"扫雷行动"公益活动，携手全国50多家媒体，20家金融机构，以及其他生态合作伙伴一起，通过组织"进校园、进社区、进工厂、进农村"等线下金融知识普及活动，陆续在河南、广东、山东、江苏、浙江和湖北等省份开展金融安全知识公益讲座，深入农村，走进社区、工厂、校园。历时100多天，足迹遍布6个省份，82个乡村，34所高校，200个社区和11万商家企业，总覆盖310万用户，促进广大金融消费者合法权益和安全心智的培育。

图 4-3　支付宝联合知名影视艺术家林永健推广金融消费"扫雷妙招"

二、内容创新，消保知识走进多元群体

（一）创立主题权益教育直播——"OK播"

支付宝2019年起推出金融教育直播栏目"OK播"，持续打造特色化互动宣教，先后携手中国人民银行消保局宣教处、中国人民银行杭州中心支行等官方机构，共同推出"守住钱袋子""金融知识普及月"等专场直播，以兼具专业性和娱乐性圆桌对谈、辩论、脱口秀等形式，深入浅出地普及金融防骗、理

财入门、借贷安全等知识点，还创新引入直播玩法"有奖竞答"，将教学与小考合而为一，激发观众参与积极性，提升学习效果。以直播为纽带，联结监管机构和金融消费者，在年轻群体中掀起一股学金融的热潮，让"学金融、懂金融、用金融"成为一种新的风尚。

图 4-4　支付宝"OK 播"权益教育联合直播

（二）创新金融普惠教育短视频——拆局侠侣

支付宝在2019年开创首个金融教育内容IP "拆局侠侣"，逐步探索出一套数字化教学、多渠道推广、普惠式覆盖的创新型金融消费者教育模式，助力消费者自我保护意识和责任承担意识的提升。在教学方面，以时下风靡年轻人群的短视频为主，搭配新兴的条漫，通过案例重现、趣味通俗的方式，持续深入浅出地传递金融风险防范知识。在推广方面，有机整合新媒体渠道资源，充分发挥支付宝产品的曝光能力，结合多种营销手段，使金融知识能有效触达更多消费者。在人群覆盖方面，重点关注18~35岁的年轻群体，同时不断拓展渠道，下探教育受众。

图 4-5 "拆局侠侣"视频号及图文漫画

（三）聚焦老年群体数字普惠教育——支付宝老年大学

为响应建设学习型社会号召，提升老年人群风险防范意识，支付宝创立"老年大学"，助力"银发族"学习手机使用，提升自我价值。通过线上网课学习及线下社区教学形式，破除"银发族"学习障碍，内容涵盖手机基础入门和数字生活进阶，让"银发族"越学越年轻、缓解代际隔阂，构建年轻人和"银发族"沟通桥梁。2020年，创新推出了《中老年防骗能力测试考卷》，在杭州、深圳等5地开考，线下考点及在线答题专区累计覆盖超过350万人次，围绕中老年人金融知识短板，使用通俗易懂的案例，帮助中老年群体了解基本金融知识、识别非法金融广告以及骗子套路，建立防骗心智，帮助中老年人安全使用金融产品和金融服务。

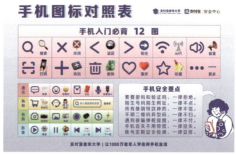

图 4-6 支付宝老年大学"手机图标对照表"

腾讯：构建腾讯110综合安全服务平台

腾讯110（110.qq.com）是集账号安全、支付安全、有害行为打击为一体的综合安全服务平台，为用户提供微信／QQ社交平台上涉及违法违规行为举报、账号冻结/解冻/找密/申诉、诈骗信息查询、诈骗手法解析等综合性服务。自成立以来，腾讯110平台充分结合腾讯安全技术优势，并与多地警方达成合作，围绕互联网安全教育开展"黑产手法专项研究""线上线下教育宣传活动"等，调动社会公众参与网络犯罪治理的积极性，及时剪断网络犯罪的实施路径。

中国互联网行业发展迅猛，给人们带来极大便利的同时也被不法分子所窥觑。他们利用互联网触达广、传播快等特性从事不法行为，频频翻新诈骗手法，呈现出团伙化、跨境化、精准化、多样化等特征，不但给用户和网络社交平台造成严重的影响，也给社会带来了深远的危害。腾讯110打造了严肃、便捷的举报体系，联动多方力量共同打击各类网络违法违规行为，共筑清朗互联网环境。

图 4-7　腾讯 110 官网

通联支付：构建机防、人防、智防的全面风险管理体系

风控是现代金融的核心，新科技正改变着传统风控的影响和效能，通过大数据、云计算、区块链、人工智能等一系列信息技术的发展和应用，让支付行业变得更加高效、便捷、安全。通联支付以合规经营为本，以创新实践为先，以金融科技为重，推进构建机防、人防、智防的一体化全面风险管理体系，积极践行企业社会责任，切实保护金融消费者的合法权益。

一、构建机防、人防、智防的全面风险管理体系，助力金融消费者权益保护

通联支付借鉴长城经验，打造集机器防御系统、风控专家经验与智能风控技术于一体的前、中、后相结合的全面智能风险防控体系，以准实时/实时智能风险监控系统为平台，全面部署风控策略、风控模型、欺诈数据等模块，构建四位一体化风控系统防御结构。

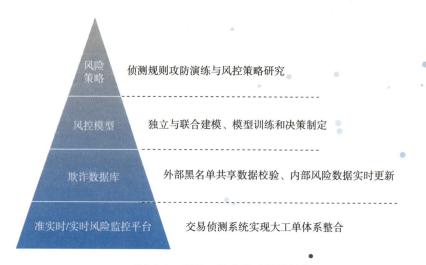

图 4-8　四位一体化风险防御结构

其中，复杂网络、知识图谱等新智能风控技术的应用，可在事前、事中、事后的各个阶段进行针对性风险防控，包括盗刷、套现、电信诈骗、洗钱和营销欺诈等场景，有效提升风险防控力度，保障消费者权益。

智能风控助力消费者权益保护实例：严防线上诈骗等新型犯罪，助力全民防"疫"防"诈"。

在全国上下积极开展新冠肺炎疫情防控措施的时期，一些不法分子利用疫情期间远程线上教育，通过租售二维码交易码牌、冒充学生家长潜入家长群实

图 4-9　《全民防"疫"防"诈"，谨防线上诈骗》微动画、宣传软文截图

施欺诈，骗取学生家长交纳学费非法获利，侵害人民财产安全。通联支付对实时风控系统侦测发现的疫情期间涉嫌诈骗类的风险交易，及时进行拦截，积极协助消费者进行妥善处理，通过公司官网、企业公众号等方式，对疫情期间发现的诈骗常见作案手法分析、消费者诈骗防范举措进行广泛的宣传（制作微动画视频、官宣软文等），助力全民防"疫"防"诈"。

二、加强与外部机构的风险信息沟通和共享

通联支付积极配合上海网安建立欺诈信息共享机制，定期通过系统对接的方式，同步疑似风险商户信息，配合上海网安打击线上赌博、欺诈等非法交易，协助构建网络安全和风险联防联控体系。2019年，通联支付先后与银联、网联、拉卡拉开展新型欺诈风险沟通交流会，就新型赌博、跑分平台典型风险交易的防控手段进行交流和学习。

图 4-10　2019 年度互联网金融支付产业安全联盟大会

三、开展特色金融知识宣传活动

（一）结合行业特性，开展 POS 打印纸特色化宣传

在 POS 纸背面印刷金融知识普及宣传内容，配送给特约商户使用，向商户和持卡人宣传普及金融常识，提高金融消费者的风险防范意识。

图 4-11　POS 打印纸宣传金融知识示例

（二）针对大、中型客户，安排上门宣讲主题宣传活动

组织公司经验丰富的员工上门为客户做金融知识培训，客户经理在对特约商户日常回访、维护过程中，向商户财务、收银人员进行现场讲解和问题解答。同时鼓励全员参与到活动中，以宣传促学习，进一步提升自身的业务素质。

图 4-12　主题培训现场留影

（三）借力自媒体平台，线上推广宣传

制作多部宣传视频微电影。如一个普通店主范喜钱的反洗钱故事，"3·15"宣传活动——致年轻"不踩坑"的你等，在公司及客户的办公场所滚动播放相关宣传视频。此外，通过总分公司微信公众号、官网、抖音等途径推送相关主题活动知识和内容。

 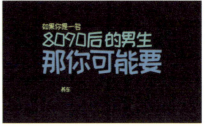

图 4-13 视频微电影片段

（四）积极开展现场宣传活动

重视不同群体消费者的消费需求，有针对性地开展金融知识阵地宣传活动，从而满足不同类型、不同人群的金融知识需求；充分发挥辖区优势，调动各地分公司将金融知识宣传工作与日常工作结合在一起，以提高宣传有效性。

图 4-14 金融知识进社区、进校园、进农村

银联商务：保障支付安全
致力维护金融消费者权益

银联商务股份有限公司坚持高质量发展和普惠大众的经营理念，努力为广大客户提供更加高效、安全的支付服务。让广大人民群众特别是农民、低净值人群、老年人、小微企业、偏远地区人群等享受同等优质、安全、便捷的金融服务。

一、广泛利用POS 终端、签购单广告、自助终端的显示屏开展宣传教育

银联商务利用POS 终端界面，通过宣传主题画面和宣传口号的形式面向商户、收银员宣传"金融知识进万家、争做理性投资者、争做金融好网民"等内容，总计覆盖数百万台POS终端。

利用在POS 签购单正面的备注栏广告，以文字广告"金融知识普及月，金融知识进万家。争做理性投资者，争做金融好网民"等提醒持卡人注意刷卡支付安全，面向商户以及消费者开展金融知识普及宣传，传播次数超过23 万次。

利用银联商务维护的自助售货机、助农金融自助终端等终端资源，以主题宣传图和宣传口号的形式进行"金融知识普及月"的活动宣传，覆盖全国约近5000 台终端显示屏。

图 4-15　POS 终端显示屏宣传　　　图 4-16　签购单正面备注栏宣传

图 4-17　厦门分公司自助终端播放的金融知识宣传界面

二、创新知识传播形式，揭示金融风险

银联商务结合时下热门的金融风险话题，搭配新兴的条漫，通过案例重现、趣味通俗的方式，持续深入浅出地传递金融风险防范知识。

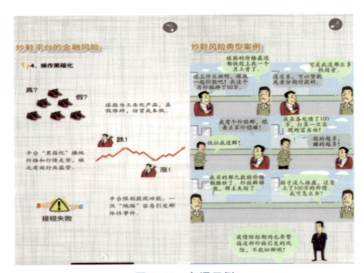

图 4-18　条漫示例

三、针对特定群体进行重点专项宣传

银联商务在学校、中心广场、商圈、步行街、社区等地摆设流动性的支付

安全宣传点，并采用悬挂横幅、摆放易拉宝、发放折页及现场讲解等多样化方式，向在校学生、企业财务人员、老年人等社会公众，普及宣传增强支付安全意识、了解电信网络诈骗常见手段、防诈措施等内容。例如，针对在校学生，银联商务深入大学校园，通过搭建宣传展台、开展主题讲座等形式加强对学生防范电信网络诈骗宣传。

图4-19　广西民族大学、河北旅游学院宣传活动现场

图4-20　甘肃分公司进社区宣传活动现场

四、普惠金融知识宣传

通过APP、微信服务号、微信群等多渠道定期开展金融消费权益保护的宣传工作，以丰富多样的banner展示、软文推送等形式，围绕防范电信诈骗、远离非法集资、注意个人支付安全、减少信用卡逾期风险等，帮助各类人群及时了解各类金融常识，提高金融消费者的风险防范能力和自我保护意识，保证群众财产安全，降低被骗风险。

图 4-21　移动端宣传截图

拉卡拉支付：线上线下联动防范电信网络诈骗

一、线上：支付安全与防范电信网络新型欺诈宣传活动

在线上宣传方面，充分利用各类媒体，开辟专栏进行防范电信网络新型欺诈宣传，通过公司网站、微博、微信公众号等线上渠道推送宣传软文，大力宣传包括正确使用各类银行账号、如何保护个人身份信息、如何判断新型欺诈、支付反欺诈典型案例等。

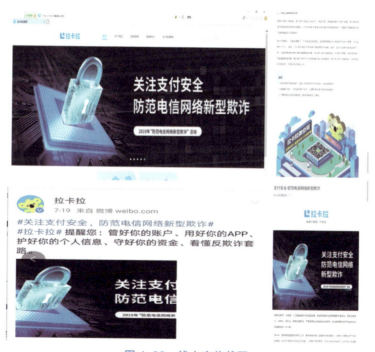

图 4-22　线上宣传截图

二、线下：深入居民生活方方面面

在线下宣传方面，公司通过悬挂横幅、发放宣传手册、专人负责宣讲等方

式，深入社区、商超、企业，全方位、多层次地扩大宣传受众面，向广大金融消费者讲解支付安全和防范电信网络新型诈骗的相关知识，分享如何有效保护自身合法权益。

图 4-23　线下宣传册

图 4-24　线下问卷

三、考拉金融知识小课堂

拉卡拉微信公众号上线的"考拉金融知识小课堂"定期普及各类金融知识，宣传内容主要包括正确使用各类银行账号、如何保护个人身份信息、如何防范电信网络诈骗、如何识别和防范非法集资案例等。"考拉金融知识小课堂"结合了公司业务特点将支付安全宣传常态化、通俗化，提高社会公众风险辨别能力和防范能力。

图 4-25　考拉金融知识小课堂

随行付金融：合规先行，以人为本，
保护消费者的合法权益

随行付金融始终秉承合规先行，以人为本的消费者服务初心，积极构建消费者权益保护机制，实现消费者权益保护和公司经营的协调发展，从多方面保护消费者金融服务的合法权益。

一、以消费者为中心，优化服务体验

随行付金融通过APP、公众号、客户热线、客服邮箱等多种方式，畅通投诉建议通道，发现并积极解决消费者之急、之难，了解消费者需求，优化产品及服务体验。就消费者因突发困难（如疾病、意外事故等）导致暂时无法还款的，随行付金融坚持以人为本，建立消费者突发困难延期减免政策，帮助因突发困难出现债务临时性偿还困难的消费者渡过难关。

图 4-26　意见处理反馈流程图

二、开展消费者教育，践行社会责任

随行付金融在日常运营中开展多层次、多方面的金融知识及安全的宣传教育，普及信用知识、金融知识、防诈骗知识，提升消费者金融素养，切实维护消费者权益。从手段上，充分发挥官方网站、官方微信公众号等一系列与消费者可触达平台的作用；从内容上，兼具新鲜度、趣味度、易懂度、准确度，介绍征信知识、个人信用维护方法、常见诈骗手段与防范措施、金融产品维权方法等。让广大金融消费者能够更加清晰地理解金融、懂得金融、运用金融、防范风险。

图 4-27　微信端部分消保推文截图

三、息费合规透明，保障消费者权益

随行付金融依法保障消费者知情权、自主选择权。在消费者借款之前，以明确、通俗易懂的语言，及时、充分、真实、准确、全面地向消费者披露产品的服务内容及使用息费，充分告知消费者产品信息，不做夸大或令消费者误解的宣传，不违背消费者意愿搭售任何产品和服务。审慎评估消费者借款用途与偿还能力，向消费者提示风险，让消费者在能力范围内正确使用金融产品，避免过度负债。

玖富普惠：牢固构建消费者权益保障体系

玖富普惠采取科技风控、智能客服、投资者教育等多项行之有效的举措，充分保障广大金融服务消费者正当合法权益。

一、创新打造高品质消费者服务小易机器人

小易机器人是依托玖富数科集团的AI技术创新推出的实时语音质检机器人，通过"端"＋"云"服务，可以有效把控客户服务工作品质，确保借款、理财端的金融服务产品消费者在寻求客户服务时得到优质高效服务。

小易机器人共有两个版本：小易机器人E1专注于实时监控，小易机器人E2则专注于语音质检，二者联合使用，即可数据化处理客服、电销等话务坐席办公场景中的实时监控与质检需求，并整合员工教练、数据分析、情绪监测、声音美化等功能。经数据测试，小易机器人的质检效率相比人工质检高出20倍左右，确保消费者享受优质客服服务。此外，玖富普惠还在人脸识别、文字识别、语音识别、生物指针、知识图谱等领域有多项技术创新，研发了智能风控系统、智能外呼、智能语音分析、反欺诈系统等多款AI产品，以切实提升消费者体验。

二、积极打造线上特色投资教育平台

玖富普惠在APP社区和微信公众号中提供多形式、多维度、多资产的财富知识，通过搭建知识体系，帮助投资者获取有益的投资管理知识。

（一）悟空财说系列动画和取金堂漫画

悟空财说系列动画从早期的网贷内容出发，逐渐覆盖到基金投资、银行理财等领域，播放量累计突破2万。取金堂漫画里各位西游记人物轮番登场，演绎着我们身边的财富故事，包括财富知识的普及，房贷利率的转换等内容，贴合大家关心的热点，累计阅读量达3万以上。

图 4-28 悟空财说系列动画、取金堂漫画截图

（二）喜马拉雅品牌电台——玖富取金堂

玖富取金堂现主讲人为知名财经评论员马红漫老师，通过分析不同资产在家庭财富中的作用，让财富知识相互关联，形成完整的系统，同时又包含明确的指导意见，有理有据地陈述不同的人群该如何配置，具体比例是多少…… 例如，面对当卜的调控政策，怎么买房最划算？疫情当前，股市震荡，如何利用股票型基金和债券型基金对冲风险？随着年龄增长和家庭结构变化，保险配置策略又该如何调整？此外，《你怎么财来（第二季）——家庭资产配置实战课》系列电台节目上线以来，已有超过300万的收听量。

图 4-29 玖富取金堂宣传海报

（三）实战课系列视频

主讲人为全国百佳理财师朱胤廷老师，在视频中她系统地讲解基金投资的操作方法、风险规避方式以及其他投资者关注的基金投资类问题。总播放量（实战课加电台）超300万，粉丝量破2万。

图 4-30 实战课系列视频讲义截图

（四）抖音短视频

5G时代的到来，为视频行业的发展注入了强心剂，以抖音为首的短视频平台同样需要优质的投教内容。大师兄（抖音号：9fdashixiong）通过趣味理财短视频的形式，在极为贴近生活的场景中，传递投资理财者应知必知的相关知识。截至目前大师兄抖音号粉丝量已突破8万人，总播放量达1000万。

图4-31　大师兄（抖音号：9fdashixiong）部分短视频截图

宜信公司：数字化、趣味化、产品化、体系化的金融消费者保护实践

宜信公司通过互动化投资者教育视频、"资产配置黄金三原则"科学投资理念、"贝壳青少年财商教育"课程、"中国政法大学—宜信金融消费者权益保护教育基金"、"中国政法大学—宜信金融媒体奖学金项目"、"中国金融消费者权益保护报告"等系列实践，多渠道、持续性地推动金融消费者教育和保护的深入开展和落地。

一、科技助力趣味化、互动化投资者教育

我国金融消费者教育和保护的工作存在着区域性不平衡等问题，教育内容以风险揭示、常识普及等基础内容为主。随着互联网投资渠道的飞速发展，利用互联网渠道进行投资已经成为很多"80后""90后"的首选，这部分用户在网络上活跃度较高，故而投资论坛、微信公众号、视频网站等成为投资人教育的主要阵地。

宜信公司尝试推出了形式新颖的趣味化、互动化投资者教育活动，通过短视频、音频、漫画、游戏、金融微电影和微信群课堂等方式，把金融知识点趣味化、视频化、互动化，帮助投资者理解投资、认识风险。

宜信财富在2017年推出的《爱乐之城》《全球房地产母基金》《宜信财富家族信托》等系列动画短片，寓教于乐，可以通过微信、微博等移动互联网渠道快速传播，相比于传统投资者教育的方式，卡通视频的表达方式新颖，内容简单。动画短片中贯穿了年轻人最熟悉的网络词汇，如"打开方式不对""假的资本市场""炒股炒成股东""天空飘来五个字：这都不是事""薅羊毛""三生三世在一起"等。画面的表情包也很丰富，有赌神电影桥段，还有植物大战僵尸等游戏场景。幽默和亲切的视觉语言，拉近了和投资者的距离。

这种创新形式的出现，让投资者教育由过去被动式的灌输知识，变成用户

的主动搜索、主动传播，体现了用科技手段为投资者服务的理念，把复杂的金融投资逻辑向非专业个人理财者说清楚是极具挑战的，高水平的投资者教育能力也是财富管理机构超强的投资能力及社会责任感的直接体现。

图 4-32　多元的宣教手段

二、面向青少年群体推出"贝壳青少年财商教育"课程

宜信公司在2013年底发起了面向6~16岁青少年的金融教育项目——"贝壳青少年财商教育"，通过财商游戏、手工制作、情景模拟等寓教于乐的体验式教学，传递储蓄、消费、资产、负债、风险、信用等金融知识，提升青少年的财商知识与技能。其中"贝壳"系列项目在五年时间内，覆盖了全国30个省及直辖市，开办了2000余场课程，逾30000名学生直接参与课程。

图 4-33　贝壳青少年财商教育课程

三、与高校合作开展金融消费者权益保护项目

2015年，宜信公司联合中国政法大学，在北京正式启动全国首只高校金融消费者权益保护教育基金，用于推进金融消费知识普及和金融消费权益保护工作。依托该基金，宜信公司与中国政法大学将开展"金融创新与法制媒体班""金融消费知识校园宣传月""高校金融消费知识竞赛"等一系列金融消费者权益保护教育活动。从2015年至2020年，宜信—中国政法大学金融消费者权益保护教育基金已经开展了五期，向社会公众普及了金融知识，提高金融服务消费者风险意识和自我保护能力，增强了金融消费者对金融市场的信心。

同时，宜信信贷及金融服务案例*CreditEase：Providing Credit and Financial Services for China's Underclass*，*CreditEase：Taking Inclusive Finance Online* 纳入哈佛商学院案例库。

图 4-34　校企合作金融消费者权益保护项目

125

工商银行：产品服务两手抓，
全面保护金融消费者权益

工商银行坚持"以人民为中心"的发展思想，全面履行消费者权益保护主体责任，认真落实消费者权益保护相关法律法规和监管要求，从产品、服务等方面不断提升消费者体验，保护消费者合法权益，推动业务经营与消费者保护协调发展。

一、"智检测+安全锁"为金融消费者银行账户交易安全保驾护航

随着技术的发展，电信网络诈骗、银行卡盗刷和银行账户资金被盗事件越发增多，为保护金融消费者合法权益，2017年10月工商银行在同业中率先推出账户安全锁服务产品，进一步保障客户账户及资金安全。账户安全锁为客户提供了可根据自身风险偏好、交易习惯以及不同场景，自主设定（定制）账户的支付功能，随时随地即开即付、即锁即控。2019年11月，工商银行手机银行智检测功能上线，为客户提供账户重要操作记录、绑定设备检测、快捷支付协议管理等覆盖账户安全、设备安全和交易安全等近50个检测项的一键检测和智能优化，全面排查账户交易安全隐患，防范账户异常操作和银行卡盗刷风险。

二、"智能模型+专家规则"联合防控助力欺诈识别，为保障消费者资金安全赢得时间

（一）智能模型研发应用

工商银行一直致力于反欺诈智能化战略部署，既注重内部自主研发，同时也与外部优秀人工智能公司合作，整合内外部优势资源，联合科技部门加大模型研发投入，将风险防控的环节逐步向前推进，模型覆盖用户交易全流程，在

不法分子与工商银行发生业务关系的伊始便进入了工商银行风控模型的监控，在其尚未实施欺诈交易前即进行可疑性识别，为保护消费者免受欺诈争取了宝贵时间。

（二）专家规则研发部署

工商银行持续监测外部舆情变化以及风险形势、特征迁移情况，对新型、重点风险事件进行详细分析，结合多维度风险特征研发部署专家规则，实时监测规则成效，及时调整规则部署策略，确保规则有效性，提高风险控制效率。截至目前，专家规则成功识别并拦截欺诈交易十余万笔，挽回客户资金损失数亿元。近期，为帮助老年客户群体更好地防范外部欺诈风险，工商银行研发部署专项规则，加强对老年客户群体大额交易的风险提醒。

三、积极构建银警联防联控工作格局，保障客户财产安全和合法权益

为切实保障客户财产安全及合法权益，工商银行积极参与公安部打击治理电信网络新型违法犯罪专项活动，共同开展高发电信诈骗及新型电信诈骗类型的专项治理和防控，包括冒充老板诈骗及网络交友诱导赌博、投资诈骗等。双方共同搭建反欺诈自动化平台，推进实现风险案件的自动化防控，进一步加大对各类电信诈骗案件的打击力度，切实保障客户财产安全及合法权益。

四、推进常态化事前安全教育宣传，强化客户风险防范意识

（一）宣传内容及形式丰富实用，投放渠道多样化

工商银行重点关注新型欺诈手法，结合最新安全舆情动态和社会热点，按周发布原创性安全教育宣传内容，同时在工银融e行通过安全课堂板块投放客户安全教育内容，在手机门户网站通过专家论坛的形式定期发布宣传内容。宣传内容涵盖诈骗团伙运作模式简介、风险防范措施、政策解读等方面。这些内容注重用户体验，迎合用户碎片化阅读习惯，打破传统严肃刻板的客户安全教育形式，采用图文、漫画、H5、小游戏等简单直接、通俗易懂的形式，降低客户的阅读门槛和注意力成本。

图 4-35 疫情爱心捐赠反欺诈宣传

图 4-36 手机银行"安全中心——安全课堂"

图 4-37 小 e 行家安全宣传专栏

（二）寓教于乐开展宣传活动，践行大行社会责任

工商银行积极落实监管机构和银行业协会等相关要求，通过各渠道开展集中性金融风险防范活动宣传，如"普及金融知识万里行"支付安全宣传月活动、"网络安全为人民、网络安全靠人民"网络安全宣传周活动等。通过宣传推文、反欺诈主题线上活动等多种形式，向公众普及安全知识。在线上活动流程设计中，增加物质激励、社交分享的环节，吸引用户参与和关注，以集中式渗透式的宣传提升客户的反欺诈意识，取得了良好的宣传成效，体现了积极的社会效益。

图 4-38 2019 网络安全宣传周宣传推文

图 4-39 2019 网络安全宣传周之"寻找防骗达人"

五、执行消费者权益保护审查，有效前置消费者保护要求

为进一步完善消费者权益保护独立审查机制，工商银行率先建立专门的消费者权益保护审查制度，高度重视消费者权益保护事前、事中管理，将消费者保护理念有机融入产品设计、研发、推广等环节，在对客户推出新业务、新产品以及开展各类营销活动前，均严格执行消费者权益保护审查机制。

六、高效响应疫情诉求，强化落实消费者权益保护责任

新冠肺炎疫情暴发以来，工商银行坚决落实监管最新要求和工商银行总行党委关于消费者权益保护的各项工作安排，高度重视疫情期间客户诉求，保障客户意见反馈渠道畅通，每日监测跟进、及时响应客户诉求，持续完善疫情防控期间消费者权益保护工作机制。

平安银行：AI智能咨诉+AI消保精准宣教

一、搭建新型银行咨诉平台

客户咨诉处理是消费者权益保护工作中至关重要的一环，平安银行以"先知、先觉、先行"为目标，通过人工智能化技术的应用，对传统咨诉系统进行全面升级，成功创建了"智能化、数据化、标准化、自动化"的"AI智能咨诉"平台。

"AI智能咨诉"对客户咨诉生命周期的全部环节进行整体梳理和优化，全面提升了用户体验。在客户进线咨询环节实现了"Tips指引辅助客服秒答"功能，客服人员在客户询问后0.5秒内即可通过系统弹窗获得服务指引；在问题处理环节实现了基于银行大数据研发的"客户画像"分析及基于2万多条真实投诉案例汇编的"最佳处理案例"智能匹配；在客诉管理环节通过"热力图"实现了客诉问题的"投诉原因、办理渠道、业务类别、业务部门、机构排行"等多维度管理，覆盖客诉全流程。"AI智能咨诉"已在"投诉分类及编码"标准应用上全面上线运用。近期，"AI智能咨诉"智能预警功能也即将上线，能够迅速发现和预测异常事件，及时预防和化解风险，真正做到"预防为先"，使客诉处理和管理更智能、更高效。

以AI智能咨诉的"Tips指引辅助客服秒答"功能为例，客户进线咨询"贷款提前还怎么办？要还多少钱？"系统自动对客户与客服通话内容进行实时音转字，并对音转字的结果中"客户讲话内容"进行意图识别，通过智能算法匹配最接近的客户意图，只需0.5秒即可自动弹出该意图的关联系统查询路径"贷款信息查询"及相关业务知识"办理提前还款手续及计算规则"。客服人员点击弹窗，即可获取指引，大大缩减了客户等待时间，提高客户服务准确度。

二、AI消保精准宣教

根据《中国人民银行关于印发〈中国人民银行金融消费者权益保护实施办法〉的通知》（银发〔2016〕314号）、《中国银保监会办公厅关于加强银行业消费者权益保护解决当前群众关切问题的指导意见》（银监办发〔2016〕25号）等文件精神，要求金融机构要加强对特殊消费群体的关爱和保护。平安银行充分关注农民工、老年人、在校大学生等特殊群体的相关权益保障需要，对平安银行现有存量和增量客户进行人群细分，开展场景式的"线上+线下"AI消保精准宣教项目。

一方面应用到线上场景：在网点（柜面AB端/FB设备端）、网银（PC端）、口袋APP等针对不同打标人群匹配宣教材料，实现有针对性的精准宣教。

另一方面在线下场景广泛应用：充分依托银行网点资源，以网点周边社区、广场、公园、学校、工厂等为阵地，以条幅、展板、画册、漫画、微信公众号等为工具，积极开展进社区、进高校、进企业等活动。通过现场讲解、散发宣传折页、播放消保漫画视频短片、举办消保主题沙龙、开展消保情景演练、组织消保踏春、消保知识有奖竞答、消保客户之声座谈、消保小记者观察团、消保专家讲座等多种方式，将消保知识通过消费者感兴趣的方式进行宣传。

通过大数据定位、客户标签实现内容的精准宣教。针对"在校大学生"弹窗推出宣教内容+防骗支招：警惕非法"校园贷"陷阱，陷入高利贷危及征信和生命；针对"城市务工人员"弹窗推出宣教内容+防骗支招：守住钱袋子，警惕汇款骗局，不要向陌生人账户转账；针对"老年人"弹窗推出宣教内容+防骗支招：存好养老钱，拒绝高利诱惑，不向陌生人账户转账！通过系统迭代优化，逐步构建针对重点人群的AI消保精准宣教新平台，针对更多特殊人群开展AI消保精准宣教。线上"AI消保精准宣教"触达老年人139万余人次，大学生64万余人次，务工人员2000万余人次。

在校大学生

城市务工人员

老年人

图4-40　细分人群精准宣教

平安证券：践行社会责任，保护金融消费者合法权益

在“合规、诚信、专业、稳健”的行业文化下，平安证券秉承“专业领先、诚信服务、创造价值、回馈社会”的平安文化理念，积极践行企业社会责任，从多方面保护金融消费者合法权益。

一、投资者先行赔付

2013年5月，平安证券宣布设立投资者利益补偿专项基金，先行补偿投资者因万福生科虚假陈述产生的交易损失。证券公司主动承担保荐人的市场责任，设立补偿专项基金补偿投资者因其保荐上市的公司虚假陈述而产生的交易损失，寻求通过和解方式解决证券纠纷，在当时是我国证券市场上解决类似纠纷

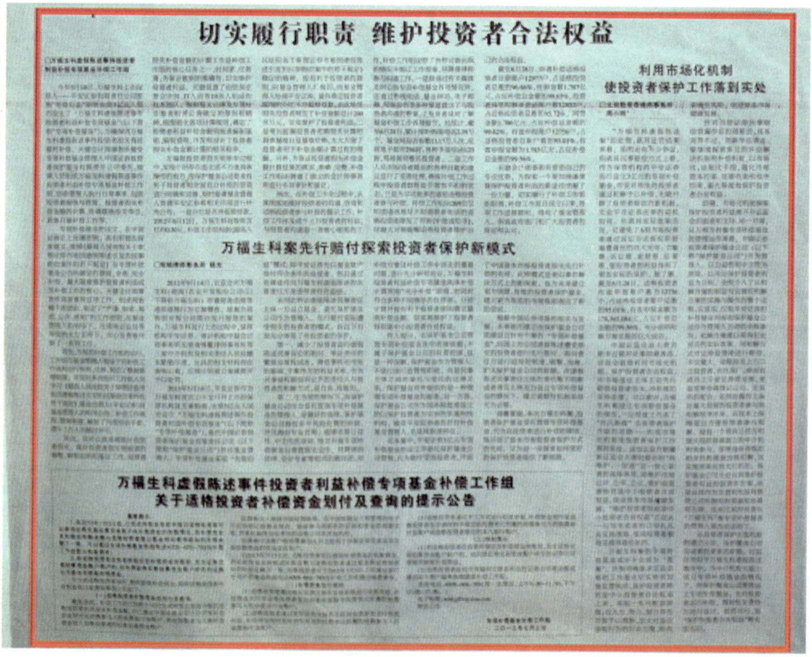

切实履行职责　维护投资者合法权益

利用市场化机制
使投资者保护工作落到实处

万福生科案先行赔付探索投资者保护新模式

万福生科虚假陈述事件投资者利益补偿专项基金补偿工作组
关于适格投资者补偿资金划付及查询的提示公告

图 4-41　《中国证券报》有关先行赔付的报道

的一项大胆尝试，可以增强证券公司作为上市保荐人的市场责任感和投资者保护意识，有助于减少上市公司虚假陈述事件的发生，提高上市公司质量。其意义不仅在于责任主体主动承担赔偿责任，更是证券市场对于投资者权益保护模式的一次机制创设性探索。

二、规范严格的金融产品适当性管理

平安证券充分尊重并自觉保障金融消费者的保护权益，严格落实销售金融产品的适当性管理，规范金融产品或服务风险评级与客户风险承受能力分级，明确提出金融产品或服务与客户风险承受能力的适当性匹配意见，风险评级基于对金融产品或服务及客户等评级对象相关信息全面了解，综合体现评级对象的实际风险状况及客户的风险承受能力，主要体现在以下方面：

1. 依法维护金融消费者在购买金融产品和接受金融服务过程中的财产安全。以通俗易懂的语言，及时、真实、准确、全面地向金融消费者披露可能影响其决策的信息，充分提示风险。

2. 充分尊重金融消费者意愿，由消费者自主选择、自行决定是否购买金融产品或接受金融服务。

3. 切实履行金融消费者投诉处理主体责任，在公司内部建立多层级投诉处理机制，完善投诉处理程序，提高金融消费者投诉处理质量和效率，接受社会监督。

4. 强化金融消费者教育，积极组织金融知识普及活动，开展广泛、持续的日常性金融消费者教育，帮助金融消费者提高对金融产品和服务的认知能力及自我保护能力，提升金融消费者金融素养和诚实守信意识。

5. 加强对第三方合作机构管理，明确双方权利义务关系，严格防控金融消费者信息泄露风险，保障金融消费者信息安全。

三、立体式、多层次的投资者教育

平安证券总部建立了以总经理为组长的投教工作领导小组，在营业部建立了负责人牵头的投教工作小组，不断健全、完善、落实投教相关工作制度，将工作目标、流程、方式及效果检验等规范化。公司还建立了投资者教育工作考核机制，明确岗位职责，要求工作留痕，通过定性和定量考核各部门和各分支机构的投教工作。开展丰富多彩的投教活动，采取多层次、全方位的投资者教育体系，充分发挥营业部职场、公司网站、微信公众号、交易平台等客户接触平台的作用，最大限度地提高客户接触面，切实提高投资者教育的效果。除线上开展活动外，还在全国营业部和投资者教育基地举办各种主题的线下沙龙，为投资者讲授股市相关知识和风险提示，帮助投资者树立理性投资意识。

图 4-42　部分线下沙龙，投教知识进社区活动留影

自2019年开始，平安证券开始探索以投资者需求为导向的投资者教育模式，围绕投资者从小白到资深到高手的全生命周期，从基础科普、选股、择时、投资决策、资产配置、持仓、权益保护、泛财经等需求出发，成立平安证券投资商学院，为投资者提供陪伴式的投资能力成长服务方案。此外，伴随着人工智能技术的发展，对投资者的教育也从学院式的集中展示开始向场景化、智能化、实战化进行转型探索，将投资者教育的内容融入到投资者日常的投资实践过程当中，为投资者提供符合投资实际场景的针对性投教服务，将投教内

容融入到投资者投资实践的各个环节，覆盖投前、投中、投后等多个环节，最终达到投资者教育"润物细无声"的效果。截至2020年3月，已有累计16万名客户订阅并学习课程，投教内容覆盖107万人，投教用户资产保值率1.393。

图 4-43　部分投教产品截图

国金证券：发挥互联网平台优势　拓展投教工作的深度和广度

为了向投资者提供专业、及时的投资者教育服务，国金证券股份有限公司在证券期货监管机构、自律组织的指导下，为投资者打造了公益性互联网投教平台——国金证券第5小时投资者教育基地（以下简称"国金证券第5小时"或"基地"）。基地命名为第5小时，是期望投资者在4小时集中交易时间外，通过每天1个小时的学习，有效提升证券投资能力、风险识别能力。基地秉承"适当性投教　适时性投教"理念，坚持"系统化整合　碎片化传播"的内容管理方式，通过"基地搭台　专家唱戏"的投教形式，拓展投教工作的深度和广度。2019年11月基地通过中国证监会评审并命名为"国家级证券期货投资者教育基地"。

一、适当性投教，适时性投教

基地结合投资者适当性管理要求，将投教内容分层规划，将投资者分为新手、熟手、高手，引导投资者在其不同投资成长阶段接触适当的内容，在海量资讯中省时省力获取目标信息。投资者可通过投资水平测试，判断自身投资能

图 4-44　适当性投教

力及风险承受能力，在投资活动中量力而行，通过积累投资经验和投资水平，逐步完善证券投资知识。

二、系统化整合，碎片化传播

基地整合投教内容，制作成短小有趣的图文、视频，投资者即使在等车、候机等碎片时间，也能完整阅读，在轻松中获得成长。

2019年科创板上市前后，通过第 5 小时投资者教育基地网站、微信、微博、APP等线上平台及线下各营业部，开展科创板投资者教育工作，宣导科创板投资者教育知识，提供科创板投资者教育服务。基地推送上交所原创科创板投教产品75种，各平台累计投放236个，点击量213509次；同时，基地制作并推送基地原创类科创板投教产品82种，各平台累计投放327个，点击量747948次。综上所述，基地向各平台投放的全部科创板投教产品的总点击量为96.15万次。

此外，为了引导中小投资者阅读公告信息，了解财务数据，培养投资者的理性投资意识，防止投资者"有新就打、有股就炒"的非理性行为，公司还根据上交所官网公示的科创板申报企业的公告内容，制作《三分钟透视科创板》系列短视频共计97个，对投资者关注的科创板公司公开信息进行提炼、客观罗列。投资者可以利用碎片化的时间学习科创板知识，认识科创板企业，理性参与科创板投资。

图 4-45　三分钟透视科创板短视频

三、基地搭台，专家唱戏

以投教基地为平台，基地邀请各专业条线的资深专家，以其丰富的实践经历和长期的工作提炼，用通俗易懂的语言和实例为广大非金融专业的投资者讲解深奥的经济原理和投资理念，同步结合投教进校园活动，推动将投资者教育纳入国民教育。

（一）"走进校园线上投教周"活动

机构间市场投资者教育基地开展"走进校园投教周"活动，共青团中央青年发展部向各高校进行活动宣传和线上讲座推送。国金证券第5小时投教基地参与活动，并于2019年11月15日、12月3日与机构间市场投教基地联合开展线上讲座共计2场，由国金资深分析师讲授课程《财务分析在股市投资中的作用》《期权实战课堂》，收看讲座的在线人次共计6234人次。

图4-46　"走进校园线上投教周"活动

（二）投教进高校

基地走进西南石油大学经济管理学院开展投资者教育活动，分别于2019年11月21日、11月28日开展投教讲座，参与学生共计133人。活动的专题课程《中国资本市场的变化与大学生职业规划和选择》，引导高校学生正确认识资本市场，思考自身未来的职业规划。基地投教讲师讲解《ETF赛制及相关知识》《防范非法校园贷、非法证券活动》等。该系列讲座计算入学生的第二课堂学分。

（三）投教进扶贫县中学

基地结合我公司对口扶贫的屏山县投资者教育服务需求，向屏山中学高三师生奉上生动的公益性投资者教育讲座，将投资者教育知识送进贫困县的中学校园。基地讲师向在座师生讲解了如何树立正确的财富观，如何参与银行、保险、证券等理财，如何远离非法证券活动、校园贷等风险，普及了关于经济金融的基本常识，倡导了"认真地学习、努力地工作、有规律地

图 4-47　投教进扶贫县中学

储蓄、有节制地消费、理性地投资"的理念，引导广大师生树立理性投资意识，防范非法证券活动风险。

（四）"E 呼百答" ETF 知识大赛

上交所于2019年11月开展"E呼百答"ETF知识大赛活动，基地邀请高校参加知识大赛，通过各线上平台向高校开展宣传。复旦大学、上海交大、华东理工大学、西南石油大学应邀参与知识大赛，引导高校学生参加活动，覆盖学生1208人次。此外，基地制作了上交所发布的《指数（ETF）一本通》，向学生发放；制作有关ETF知识的系列视频课件，通过基地各平台推送，开展关于ETF知识的线上微培训，点击量达21967次。

太平集团："云"端起舞，以案说险，充分发挥分支机构力量

一、"云"端起舞，以案说险，多种形式开展消费者教育宣传活动

太平人寿以官方抖音、官方微信、官方微博等自媒体矩阵为主要载体，通过图文、新闻稿件、小程序游戏为主要呈现方式，开展线上形式多样的保险行业和公司宣传。同时，积极加大与媒体的宣传合作力度。

（一）丰富宣传素材，为教育宣传活动提供生动素材

公司结合"以金融消费者为中心助力疫情防控"的活动主题，推出《健康保障服务加码　太平人寿发挥主业优势助力疫情防控》《太平人寿线上服务确保疫情期间保障不停、服务不断》《太平人寿"3·15"线上教育宣传周活动"云端"起舞》系列媒体宣传稿件。大力推动"以案说险"的案例收集和宣传工作，推出《要防疫也要防骗，警惕疫情期间金融诈骗》《因疫情导致保单失效不要慌，太平人寿便民服务暖人心》《一念之差，他差点错失20万理赔金》《保护自身权益，远离代理投诉"黑色"产业链》等多期"以案说险"文章，通过讲述典型案例，提醒客户在疫情期间利用线上服务工具确保保单权益，提升风险防范意识和自我保护能力。

图 4-48　ETF 基础知识与发展现状

（二）特色宣传活动，在互动中完成消费者教育

公司设计微信小游戏，客户"'疫'起拼 一起赢 享太平"，进一步了解"3·15"系列获得主题；设计"春暖花开，一起来play吧"小游戏，邀请客户线上踏青，以乐观的心态打赢疫情防控的保卫战。

"主播"聊保险。公司的服务人员变身"主播"，录制《论"双录"的重要性》《犹豫期退保知识讲解》等视频在官方抖音平台发布，用通俗易懂、轻松活泼的方式，普及投保时录入身份证、客户签字、犹豫期退保的正确打开方式等知识。

线上知识竞赛寓教于乐说保险。公司多个机构开展线上知识竞赛活动，将客户需要了解的保险知识和疫情知识相结合，让客户通过参与答题活动变成抗"疫"达人，同时也进一步了解保险知识。

"3·15"教育宣传周活动期间，太平人寿公司共发布4条抖音、13条官方微信、13条官方微博，累计阅读数超过5万。各机构通过官方微信、微博连续推送"3·15"专项宣传内容，活动周期间共发布微信微博超过3500条，累计阅读数超过11万。截至3月17日，各大媒体对太平人寿的宣传报道接近1000篇次。

二、各分支机构积极行动，结合地方特色，开展消费者教育宣传活动

太寿北京开展"3·15"线上"总经理接待日"活动，以"隔离疫情但不隔离服务，2020，我在您身边"为主题，"守望相助，诉通你我"为口号，由北京分公司总经理室领导和下属机构的负责人直接与客户交谈沟通，认真听取客户意见，倾听客户心声，了解客户需求，全力提供优质服务，切实保障消费者的合法权益。此次活动共处理客户投诉6件，涉及投诉客户6人，最终给予全部协商解决。

太寿四川通过机构的微信公众号、朋友圈，以图文、新闻稿件、小游戏等多种形式开展线上教育；职场内张贴宣传海报，柜面放置分公司自主设计的宣传折页，同步推动线上投诉平台，同时将推广线上服务和"以案说险"风险防控相结合，多维度进行"3·15"消费者权益保护宣传活动。

太寿江苏推出2期"以案说险、保险消费风险提示"专题贴士，为广大客户

提供理赔、投保、保全、咨诉等方面的专业知识和温馨提示。同时，在省内、各地市主流媒体及新媒体客户端不间断发布"3·15"通稿。

太寿山东通过其微信号发布"诚信3·15""服务3·15""以案说险3·15""土豆兄妹小课堂"四个系列的风险提示推文，以典型案例分析、热点问题答疑、小视频等方式，不断提升消费者风险防范意识和自我保护能力；制作线上"3·15"宣传周刊发送至客户，对疫情期间风险提示、特色服务、惠民举措等内容进行宣传。

太寿广东创新宣传手段，联合中支制作了4期"疫情期间便民服务举措""以案说险"等内容的"3·15"系列短视频，在微信号、朋友圈等自媒体平台进行传播，累计点播量超1200人次。其肇庆机构受本地媒体西江网邀请，参加由中国人民银行肇庆市中心支行、肇庆金融局、肇庆银保监分局主办，西江日报社承办的"3·15金融消费者权益日"访谈直播活动，直播吸引了超过13万人次参加。

平安养老险：智能客服平台提升消费者体验，为消费者权益保驾护航

平安养老保险股份有限公司，秉承"专业、领先、便捷、高效"的服务理念，实施平安集团"保险+科技"战略，持续深化技术创新，科技赋能运营，打造行业领先、体验最佳的全流程智能服务平台，提升消费者体验，为消费者权益保驾护航。

一、全渠道科技赋能，提供高效便捷新体验

通过好福利APP、H5、微信公众号、网站、电话、短信、邮箱多渠道，客户可体验到智能投保、智能保全、自助理赔、一键续保、智能咨诉、智能领取和自助查询等便捷服务。运用大数据技术，进行智能导航与消息推送。智能客服机器人与客户交互，了解客户所需，平台通过智能派工与审核，快速处理客户申请，客户足不出户，即可享受高效服务。

二、全流程智能服务

1. 智能投保：智能平台为客户提供便捷投保路径，提高公司承保效率。全年处理三百多万契约件，其中智能占比99.5%。团体客户可使用公司自主研发的E企赢平台，免填单、免盖章，一键确认投保，下载电子发票，全程邮件短信通知，环保又便捷。小微企业客户可使用易企保H5，通过OCR证件识别技术上传员工名单，H5保单发票查询及一键续保功能，简化投保流程。

2. 智能保全：受益于智能化平台的强大支持，公司日均处理2万多保全件，保全智能化率达94%，全年保全给付180多万人次，给付金额15亿元。E企赢平台提供线上加减保、客户信息修改、银行卡信息变更等功能，免除客户奔波及纸质材料丢失风险，保全过程加密验证，安全有保障。H5保全模式一分钟即可完成无纸化操作流程，支持保单余额抵扣，增加缴费灵活性，进一步提升小微客户体验。好福利APP平台中个人信息变更、加保退保等操作，一键可达。

3. 智能理赔：智能平台支持自助理赔，开启直赔新时代。年自助理赔近800万件、自动审核500多万件、件均时长1.87天，2019年自助理赔率快速攀升，已达80%。好福利APP平台支持客户亲办或他人代办，提交电子理赔资料，操作简单只需三步，过程透明，实时可查，后台自动审核，网银支付款项。从数据自动推送，到案件自动受理，从自动审核到自动通知，完全体现了平安养老险理赔全流程自动化的特点，最快实现20秒的"极速赔"。

4. 智能领取：公司建立"多产品、多模式、多平台"全线上一站式税延养老平台，为消费者提供智能替代率测试和养老投资顾问方案，依托好福利APP，消费者可在线自助办理养老金和领取年金。

5. 智能客服：智能客服平台运用AI技术，精准洞察客户需求，语音交互应答，快速受理案件，实现智能决策。智能客服处理300多万客户件，为大众提供顺畅、便捷的自助服务体验，客户满意度达99%。

平安养老险以消费者为先，极力提供高效率、高满意度的智能化服务。重视消费者建议，定期采集客户之声，通过全触点、全流程闭环管理模式，改进细节，持续提升客户体验。

平安财险：科技赋能运用加强消费者风险提示教育

平安财险以持续提升保险服务质量为目标，不忘初心，牢记使命，多点发力，保障了消费者的知情权、自主选择权、依法求偿权、受教育权等基本权利，积极提升各服务环节的服务质量和水平，稳步推进保险消费权益保护工作。

一、以数字化、科技化手段有效降低侵犯消费者权益风险

为更好地服务消费者，保障消费者的合法权益，减少消费者不满的发生，平安财险利用大数据、人工智能、线上化等技术手段，搭建线上线下空中一体化的发声入口，让消费者随时随地表达想法，问题记入系统由专人跟进，有声必应；搭建预警模型，监控一线人员作业标准动作，事前预知消费者敏感倾向并匹配差异服务满足消费者多样化的诉求；与此同时，改造优化不合理保险流程，源头提升服务质量。

（一）扩大消费者发声入口，搭建线上消费者端平台，保障消费者知情权

根据消费者使用习惯，建立多种方便消费者的咨询和投诉入口，并可随时查询处理进展。目前，已在平安好车主、官微、官网、95511、小程序等50多个服务触点上线咨询、投诉和意见反馈入口，让消费者在使用平安财险产品和服务时，实时反馈使用体验。为解决消费者发声后被动等待处理的痛点，平安财险搭建咨诉消费者端平台，消费者可在线实时查询处理进度、联系处理人、催办、评价等，让消费者参与到问题解决的过程中，保障消费者的知情权，提升消费者体验。

（二）改造优化不合理保险流程，保障消费者依法求偿权和自主选择权

针对我公司投诉问题较为集中的车险理赔及直通销售，组织相关部门，

对历史投诉数据进行逐笔回溯，还原归纳投诉场景、投诉点、投诉原因及改善举措，并通过流程优化、数据打通、线上化、智能化应用等手段，制定了33项流程改造举措。举两个例子，一是依托大数据分析，对修理厂建立专属防渗漏系统管控。我公司还原车辆维修过程中发生的问题，针对修车过程中发现的配件、工时价格虚高、配件质量不足等10类风险场景，制定了52条专项管控规则。依据规则，统计评估修理厂历史渗漏情况，按评估结果对修理厂进行分级排名，作为修理厂准入的重要参考标准。保障消费者依法求偿权。二是针对消费者反馈意见较多的信保不知情投保问题，通过在投保流程中加入投保意向确认、信息授权确认、确认保单送达方式、条款强制勾选等步骤，确保消费者自主意愿选择，保障消费者自主选择权。

二、企业业务建立新举措、新方式，有效保护消费者权益

消费者发生咨询、投诉后，平安财险改变原有咨询台投诉处理模式，通过源头处理、AI赋能一站式、评价追踪、监控管理平台等新举措和新方式，确保消费者问题得到快速、有效解决，提升消费者体验。

（一）AI赋能实现一站式处理，提升问题处理效率

对于已发生的咨询、投诉，通过消费者画像和时光轴，快速识别消费者身份，避免消费者反复描述。通过AI语义识别、自然语言处理和机器学习，自动识别消费者咨询、投诉问题类型，精准派工，问题直达源头部门快速处理，减少多次流转。通过数据赋能、策略赋能、权限定制，便于处理人一站式解决消费者问题，大幅提升消费者问题解决效率。

（二）由消费者为处理人打分，将评价权交给消费者

现有咨询、投诉结案后缺少消费者评价通道，无法了解消费者对咨诉处理的满意度情况，导致处理后仍有部分消费者不满的情况。针对此痛点，平安财险已上线消费者投诉处理满意度评价体系，引导消费者在线上对咨询、投诉的处理过程及结果进行打分，打分结果后续将用于处理人的考核评价，针对低分评价，将由主管主动联系消费者，了解不满原因并提供定制化解决方案，确保消费者问题得到有效解决。

（三）实时监控管理，确保消费者问题及时解决

基于大数据分析技术，搭建实时监控平台，一是智能监测投诉走势，提示突增风险，发现问题及时介入解决；二是监控投诉处理进展和品质指标，确保妥善及时解决消费者问题。

三、面向消费者开展多种形式的消费者权益保护活动，提升消费者权益保护意识

平安财险运用公司四大线上平台，充分覆盖各险种及个团客户，开拓思路，积极创新，开展了内容丰富、形式多样的消费者权益保护宣传教育活动；与此同时，注重发挥外部各类新闻媒体作用，借助互联网新媒体、网站、"两微一抖"等多种平台和渠道开展宣传教育活动，保障消费者受教育权，提升消费者权益保护意识。

（一）通过直播，让消费者直观感受保险公司服务，提醒消费者保护自身权益

我公司使用直播方式进行消费者教育宣传工作，让消费者更多了解保险公司服务，让金融消费风险提示更深入人心。针对部分人群对保险知识不了解、用车需求无法满足等问题，我公司联合新榜邀请了9家创意热店和MCN达人机构，运用国潮风格，进行用车服务知识整合传播，通过优质内容与日常生活场景结合，传递保险如何保障出行安全，守护美好生活。相关视频在抖音、快手、知乎等平台的我公司官方账号进行了系列轮播，仅抖音平台的单天观看量就超过200万。

图 4-49　"以案说险——超哥有话说"直播截图

（二）以短视频、趣味问答等形式传播保险知识，增强消费者对保险的认知

通过"利民说保险"宣传短片，生动地为广大保险消费者展示了投保、理赔注意事项，个人信息安全防护技巧，线上保险服务和修车方面注意问题。

图 4-50 "利民说保险"宣传短片截图

通过生动有趣的问答小游戏形式吸引了约7.5万名消费者参与金融知识学习，加强消费者在日常生活中维护自身合法权益。

图 4-51 金融知识小课堂趣味问答截图

农银人寿：强化维权意识，践行社会责任，赢得客户认可

作为中国农业银行金融服务体系的重要组成部分，农银人寿秉持"诚信立业，稳健行远"的核心价值观，为客户提供高品质的保险保障和财富规划服务。在"客户至上，始终如一"的服务理念引领下，农银人寿积极践行企业社会责任，从多方面保护金融消费者合法权益，营造健康和谐的金融消费环境，以诚信优质的服务形象赢得客户的认可与支持。

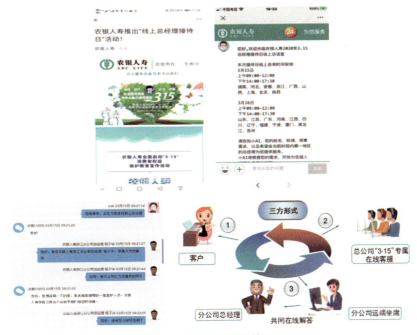

图 4-52　总经理接待日

一、战疫情保服务，创新服务形式，开展线上总经理接待日活动

在举国上下同舟共济、防控履责的关键时期，农银人寿积极响应监管号

召，依托"3·15"消费者权益保护教育宣传周活动，聚焦创新线上服务形式，首创"线上总经理接待日"活动，为广大客户提供便捷、高效的线上咨询服务。通过农银人寿微信公众号"在线客服"功能，客户与分公司总经理、专属在线客服三方线上会话，倾诉意见、答疑解惑、交流沟通，完成线上咨询服务。

图 4-53　线上总经理接待日

二、推送《依法维权微刊》，倡导依法理性维权，维护公正消费环境

在"以金融消费者为中心助力疫情防控"为主题的2020年"3·15"消费者权益保护系列教育宣传活动中，农银人寿通过官网及官微推送三期《依法维权微刊》。内容涵盖如何应对和识别日常金融风险、警惕保险销售误导和了解维

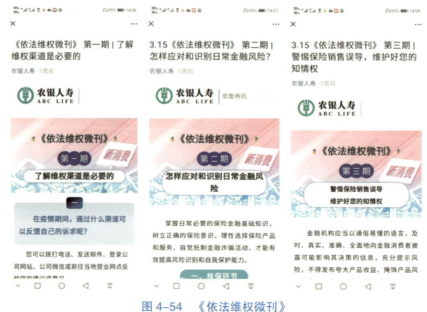

图 4-54　《依法维权微刊》

权渠道等，以通俗易懂的语言，及时、准确、全面地向金融消费者普及金融知识、维权知识，教育引导宣传保险消费者法定权利，依法合规理性维权，提升保险消费法律意识和风险防范能力，取得了很好的宣传效果。

三、发布《以案说险》风险提示，保护消费者合法权益

为充分保护保险消费者合法权益，提高风险识别意识和自我保护能力，农银人寿通过官网及官微发布三期《以案说险》风险提示。重点聚焦个人信息安全、保险产品犹豫期退保损失、健康告知义务等可能出现的风险问题，内容融合知识性和实用性于一体，由浅入深引导读者了解保险消费权益提示，通过典型案例剖析、热点问题解析，提高消费者风险防范意识和自我保护能力，提升金融消费者金融素养和诚实守信意识，宣传效果显著。

图 4-55　《以案说险》

易方达：转换角色定位　创新服务模式
探索金融消保新路径

近年来，"基金赚钱、投资者不赚钱"成了困扰基金行业的一大难题，在基金产品中长期业绩良好的情况下，基金产品的收益没有实实在在的落在投资者的口袋里，导致投资者的获得感普遍不高。这一现象的出现主要是基于以下两个矛盾：一是基金产品类型复杂、数量众多与大多数投资者不具有专业"选基"能力之间的矛盾。随着基金行业的发展，基金产品类型越来越细分化复杂化，基金产品数量也随之不断增多与之相对应的，却是大多数投资者并不具有"选基"的专业知识和精力，同时"追涨杀跌""短期交易"等非理性投资行为较为普遍。二是"受人之托、为人理财"的行业初心与卖方代理的基金销售模式之间的矛盾。在传统的基金销售模式下，销售机构作为卖方代理人，销售多从产品发行方和自身立场出发，实践中甚至存在为赚取销售费用引导投资者"赎旧买新"资金腾挪、频繁交易、短期交易的行为，并未考虑产品是否符合投资者的真正需求和利益，而代表投资者利益的中介机构却一直处于缺位状态。

2019年10月，中国证监会发布了《关于做好公开募集证券投资基金投资顾问业务试点工作的通知》，基金投资顾问服务（以下简称基金投顾服务）正式试水。作为首批获得试点资格的机构之一，易方达基金组建了独立的业务板块，积极审慎地进行业务的探索和推进，在此过程中，投资者教育和投资者权益保护则是重之又重的一环。

一、多渠道全方位布局，打通各类投资者获取服务的路径

自取得试点资格至2020年12月中旬，易方达投顾服务已在多个平台上线，力求为各渠道、各类型的投资者提供全方位、易获得的"买方代理"服务。具体来看，易方达投顾服务既可以在传统金融机构如交通银行和招商银行招赢通平台获取，也可以在互联网基金销售机构如天天基金、好买网、基煜等平台尝试；不仅

面向普通个人客户、高净值客户等零售客户，也可以为上市公司、金融同业等机构客户提供"选基、买基、调仓、陪伴"的一站式基金投资、管理服务。

　　在大部分面向零售客户的平台上，参与易方达投顾服务的起点金额仅为1000元，以便于更多的投资者参与、尝试该项新服务。由于基金投顾服务是依托投资者在销售机构开立的基金交易账户进行，账户交易和资金流转均在现行基金销售体系内运作，受到托管行的监督，投顾机构并不直接接触投资者的资金，从而保障了投资者的资金安全。未来易方达投顾也将持续上线更多渠道，为投资者提供更便捷的参与路径，让老百姓投资不再难。

图1　易方达投顾上线海报

二、多形式全视角开展投资者教育，帮助投资者树立正确投资理念

　　2020年以来，易方达投顾联合多家媒体平台，开展了丰富多样的投资者教育活动，帮助投资者树立正确的基金投资理念。

　　由易方达投顾发起，新华网投教基地、机构间市场投教基地联合主办的"818理财节"活动中，包括中信证券、天天基金等在内的多家行业机构均制作了"参透基秘·基金投顾谈基金"系列视频课程，帮助投资者了解基金产品、了解基金投资。

在与今日头条基金频道联合策划的"对话基金投顾"系列栏目中，通过每期侧重一个主题的方式，邀请投研人员向投资者讲解基金投资的有关知识。

在与新华财经联合主办的"我的理财之路"短视频征集活动中，与中信证券、方证证券、恒泰证券合作，通过邀请投资者说出自己理财上的困惑、分享理财知识经验的方式，引导更多的投资者树立正确的理财观念、通过正规的理财机构进行理财。活动得到了机构间市场投教基地、恒生电子、证券市场红周刊等的支持，同时在腾讯微视得到了较高的关注度，活动期间收集视频约500部。

此外，还积极采用直播这种新型传播方式，在天天基金、新华财经、新浪、腾讯、万得、头条等多平台开展了多场直播活动，向投资者宣传基金投资理念。

图2　易方达投顾活动示意

三、金融科技助力投资者权益全方位保障

易方达投顾以客户利益为唯一出发点，借助金融科技的力量，AI+HI相结合，为全渠道多类型客户提供一站式、陪伴式的智能投资解决方案。

（一）千人千面投顾场景下的科技赋能

在需求端，通过人工访谈、问卷调查、数据挖掘等方式，充分了解不同客户的投资目的、投资预期、风险偏好及其他行为特征，力争构建全面详尽的客户投资画像。

在供给端，治理整合多源异构数据，建立统一标准化的全景投研支持数据；融合量化因子模型、NLP、机器学习、深度学习、知识图谱等前沿技术，为宏观研究、资产配置、基金研究、策略研究等核心环节赋能，助力投研质量和效率的提升。

依托客户画像和专业的投研能力，易方达投顾通过智能投资引擎，靶向开发满足客户需求的组合策略，实现需求端和供给端的一体化衔接。智能投资引擎综合考虑客户层面、策略层面、交易层面、风控层面各方面因素，深度融合优化模型和专家经验，实时输出组合生成、组合评估、组合调整等服务，力求实现大规模场景的连续决策。

作为买方代理机构，易方达投顾提供贯穿客户整个生命周期的投资顾问服务。借助人工智能技术持续跟踪客户需求，希冀通过构建智能的投资者教育体系与服务体系，为客户权益保驾护航。

图 3　易方达投顾智能投资方案

（二）智能风险防控全覆盖

易方达投顾一直致力于研究部署智能化风险防控系统，覆盖投前、投中、投后各环节，构建多层次安全防护体系。

开发自动化服务模块，实时监控基金产品状态、各类风险舆情事件和投顾风控指标，并进行及时有效地处置，实现投资策略的连续运作。

通过客户异常交易、组合监控、账户监控等子模块，实时捕获客户反欺诈、反洗钱等异常行为，保障业务系统合规、平稳运行。

结合多维度风险模型和专家规则，及时部署风险策略，提升投顾业务风险防控的成效，为广大投资者的切身利益提供可靠保障。

马上金融：多维发力，专注金融使命，勇担消保重任

为了推动金融消费者教育和金融知识普及工作，提高社会公众防范金融风险和正确使用金融服务意识，切实加强消费者权益保护工作，马上金融不但建立起金融知识普及长效机制，更是通过多角度、多渠道、全方面、全覆盖的方式，扎实推进消费者权益保护工作，积极履行金融主体责任。

一、全方位开展内外部宣传教育

（一）内部学习分层，提高内在动力

马上金融积极组织员工学习消保知识相关内容，通过三个层次推进服务者的宣传教育工作。

第一层是提高消保能力，以生动活泼的互动形式，积极调动全体员工。一是面向全体员工开展消费者权益保护知识专题培训，提高消保能力。2019年全年组织开展消保工作相关专题培训42场，覆盖7471人次，培训内容包括合规管理、贷款产品法律体系、客户体验提升等。二是开展服务技能提升培训，围绕沟通技巧、业务流程等开展22个培训项目，新人授课课时5139个小时，在职授课685个小时，覆盖30178人次。三是开展线上微课堂，以微信群为学习平台，在业余时间组织分享业务知识，共计分享140人次，时长5560分钟。四是邀请管理者、业务骨干作为首席学习官分享课程，共计开课30场，长达69课时，覆盖842人次，达到了很好的传播效果。

第二层是宣贯消保资讯，马上金融将消保宣贯工作纳入常规化工作体系，并定期收集、制作《消保资讯》。2019年全年面向全体员工发布《消保资讯》8期，加强对监管要求的宣导贯彻，深化全员对消费者权益保护工作的认识普及。

第三层是创建消保文化，将消保工作与企业文化工作很好地结合，创建具

有马上精神的消保特色文化。组织开展消保微视频活动，参赛作品22个，大众参与投票5.6万，投票访问量24.6万。举办"消保守卫者　马上全员出击"知识答题PK活动，总计1300余次员工参与竞赛，推动员工加强对消费者权益保护的学习、理解和实践。"合理化建议""榜样分享优服者联盟"等系列比赛强化了金融从业人员对消费者权益保护工作内容的认知提升及责任提升。

（二）外部教育多维，提高消保意识

线下多场景，完善自宣体系。积极响应参与监管的"3·15教育宣传周"活动、"金融知识万里行"活动、"金融知识进万家"活动，并突出线下宣传沟通，在重点商圈、高校通过现场咨询、现场派发宣传物等方式向公众传播金融知识，扩大宣传活动辐射范围和覆盖面。

图 4-56　部分活动剪影

线上云传播，普及金融知识，做到全方位触达客户。在官网新增"消费者之家"专题板块，全年共发布"消保知识大讲堂"10期，在自有微信公众号发布金融知识普及文章80余篇，在公司旗下的马上金融APP、安逸花APP等平台进行红点推送以及开屏宣传广告，对我公司近1亿客群精准进行消保知识宣传。

除了自有渠道线上推送，马上金融加强线上新媒体宣传，2019年共发布喜马拉雅音频8期、抖音小视频2期、开展抖音直播2次，向腾讯、网易、凤凰等网

络媒体投放宣传稿件341篇。与此同时，我公司利用漫画的形式，进行生动的消保内容传播。我公司原创的消保漫画《马上金融12星座防骗指南》被多家媒体及自媒体转载，收到良好的传播效果。多样化的宣传方式向用户传递正确的金融贷款知识，辨别正规贷款服务，解答用户疑点，让用户更方便快捷地了解金融知识，引导其合理选择金融产品和服务。

图 4-57　消保漫画《马上金融 12 星座防骗指南》

二、提质增效，完善服务管理

（一）多元渠道接入

为收集客户反馈，马上金融开通直通反馈窗口，客户可通过官网、APP、微信公众号、智能客服等服务窗口，将对我公司的服务诉求或建议进行有效反馈，每一例反馈我们都会有专人跟进处理，直至客户问题解决。

（二）设置专线专岗

为了更快速地解决客户问题，马上金融采取了多元组合方式。一是新增失联客户转接专线，采用微信等即时交流工具与客户沟通的方式，提高失联客户联系率。二是安排专人，建立客户诉求快速核实、处理机制。多管齐下，共同发力，加速推进客户问题解决率，并取得了一定的成绩。同时，马上金融还上线"VIP合作方重要渠道专线坐席"功能，保证VIP渠道客户问题得到高效处理。

（三）优化服务流程

马上金融不断从客户问题中汲取经验，以提升"一次问题解决率"和"客户满意度"指标为抓手，通过分析客户来电数据、抽听典型来电录音、开展电话回访等多种方式，找到影响客户体验的痛点，2019年完成107个流程优化项目，一次问题解决率从80.8%提升至84.7%，有效提升客户体验。还完成了客服系统（NCRM）与催收、反欺诈、业务管理系统等多个系统对接，减少中间流转环节，提升投诉处理效率。

（四）特殊客户关怀

针对遭受地震、车祸和重大疾病等特殊客户，马上金融积极出具特殊客户关怀方案，为其减免部分费用，缓解客户还款压力。针对四川省长宁县地震区用户，更是及时提供了多举措的减免措施，以确保消费者的合法权益。

2020年2月以来，针对新冠肺炎疫情特殊情况，马上金融更是开展了多项减免政策。在强化客户服务意识的同时，进一步加大线上客服服务力度，提升线上服务数量及质量。截至3月13日，线上累计处理疫情相关请求近15万次，线上累计智能服务次数超过400万次，线上累计人工服务次数近50万次。

分期乐：运用数字化，联合多部门构建新型网络安全治理模式

一、构建阳光守护者平台

"阳光守护者"是反欺诈中心、GR、PR等多个部门联合政府、公安、用户等多个利益相关方共同构建的新型网络安全治理模式。通过系列"线上+线下"宣传教育活动及在授信、交易等不同阶段弹窗安全教育规则提示，为平台用户提供多方面的网络安全防护知识，降低用户遭遇金融诈骗侵害风险。未来，"阳光守护者"还将在安全教育系统搭建、全流程提醒、安全产品、运营活动等方面持续开展，给予用户360°全方位守护。

图4-58 阳光守护者平台

1. 线上安全教育：通过制作生动、有趣的反欺诈漫画和视频于分期乐平台、公众号等推送，不断强化用户信用安全认知。截至报告期内，分期乐"阳光守护者"安全教育累计已覆盖超过1000万人。

2. 账户安全保障：推出"乐守护"保障，用户可拥有最高赔付2万元的保障服务，减少用户因诈骗受害导致的财物损失。

3. 虚假信息查询：用户可以通过阳光守护者界面的"虚假信息查询"入口，输入接到的电话信息，查询该号码是否为乐信客服等官方渠道电话，谨慎防范电信诈骗。

4. 举报诈骗有奖：用户只要提供诈骗分子有效线索，即可获赠分期乐平台优惠券。征集到的全部有效线索，将补充至乐信反欺诈信息库，用于防范同类案件再次出现，同时也会同步公安机关备案。

5. 欺诈费用减免：针对部分受欺诈案件，酌情考虑减免逾期费用，尽最大努力帮助用户减少因欺诈遭受的损失。

6. 欺诈法律援助：用户可以从分期乐产品界面进入援助平台，留言欺诈相关信息，经客服人员筛选后由乐信公益基金进行回访。如有特殊案例，乐信将为受害者提供律师、警方等第三方专业支援。

2019年以来，累计产出科普类文章30篇，举办12期信用安全日，发布防欺诈视频12个，累计曝光量达千万。一年来，接到举报1.5万次，为1.5万名客户解决防欺诈问题的咨询，累计为2668名被骗用户进行利息、服务费减免，对625名客户提供法律援助。

二、唤醒服务

推出针对电信诈骗的唤醒服务上线，用户进入分期乐APP开始，就进行弹窗、自动语音、答题等多方面的提醒、教育与防范。唤醒服务上线至今，累计破获欺诈电信诈骗欺诈案件3470余起，避免欺诈案件4000余起，拦截欺诈案件3700余起，反欺诈弹窗覆盖2000余万人。

三、防范诈骗警示嵌入客户使用APP的各个场景

在客户使用APP的过程中，在各个环节嵌入防范诈骗的提醒和警示信息，随时随地提醒用户提高风险防范意识。

首页电话诈骗警示　　　　　　下单过程以答题形式警示用户

下单时电话诈骗警示　　走马灯提醒　　　授信结果页警示　　　乐花卡节点弹窗警示

图 4-59　各个环节的电信诈骗警示提醒植入

捷信：为消费者权益保驾护航

自2010年成立以来，捷信从公司治理、产品服务、金融教育等方面，全方位为金融消费者的权益保驾护航，让消费者真正享受到普惠金融产品为其带来的生活水平的提高。

一、加强公司治理

（一）将保护消费者合法权益纳入公司治理、企业文化建设和经营发展战略中

公司董事会下设的消费者权益保护委员会主要负责对公司消费者权益保护工作进行监督指导并向董事会提出建议。委员会由董事长、副董事长、总经理、首席风险官、首席运营官、合规部负责人、消费者权益保护经理组成，每年度定期回顾消费者权益保护工作整体情况及监管机构对消费者投诉的处理及分析情况，定期审查金融知识宣传活动情况等。

（二）将消费者权益保护的责任意识和任务目标向全体员工传递

除管理层主抓消费者权益保护之外，为了将消费者权益保护的责任意识和具体目标传递到每个员工身上，公司依据消费者权益保护培训计划，持续进行线上全体员工消费者权益保护培训，并将消费者权益保护纳入全体员工的年度绩效考核指标。

图 4-60　捷信内部网站上线《消费者权益保护培训》，要求全体员工必须参加培训

二、优化产品提升服务

（一）将"负责任贷款"作为业务可持续发展的核心动力，为广大消费者提供方便快捷的普惠性金融产品

捷信的消费贷款产品在产品设计、开发、上线、定价及信息披露过程中充分考虑消费者权益保护的要求，并在此过程中征询消费者权益保护部门审查意见。例如，捷信在业内首创"15天犹豫期"服务，如借款人在其签署贷款合同之日起的15日内（包含借款人签署贷款合同当天）申请提前还款，并且在上述15日内将贷款本金全额付至指定还款账户，则捷信不收取该笔贷款的任何利息和费用。该服务避免了顾客因冲动消费选择超出个人偿付能力范围的贷款，充分保障了消费者的权益。

（二）加强信息披露的完整性和及时性

公司通过线上官网、线下销售网点价目表、贷款文件、贷款及服务信息卡片，7×24小时咨询热线等多种途径向消费者披露服务费用信息，保障价格信息披露的完整性和及时性。为了使客户对合同信息有更清晰和全面的了解，公司进一步加强了贷款信息尤其是价格信息的披露，以贷款信息卡为载体，更加清晰透明地展示了年化综合息费率、可选服务价格、贷款金额、期数、每月还款额等主要贷款信息，以此帮助客户通过简单明了的方式了解合同信息，选择适合自己的消费贷款产品。

（三）完善投诉处理机制

为保障消费者的权益，持续确保公司内部投诉渠道畅通，公司为客户提供了包括销售网点、官方网站、移动客户端在内的多种稳定、便捷且有效的投诉渠道，客户可以通过客服热线、客户关怀热线、VIP客户专线直接向公司客诉处理团队反馈意见或进行投诉针对客户反馈比较集中的焦点、热点及重点问题，公司定期召开专项会议，通过调查、分析和总结，并根据公司提供的服务是否存在不足而采取不同的处置措施和解决方案。

为彻底贯彻落实中国人民银行关于征信管理的相关要求和建议，公司于2019年8月，针对征信异议投诉，在处理完结后，为客户发送短信反馈异议处理结果，投诉处理专员不仅需要电话联系客户告知处理结果及相关事宜，同时需

提醒客户查收短信，充分保障了消费者的知情权。

图 4-61　捷信官方网站首页清晰展示了客户投诉渠道

（四）加强部门协调确保信息安全

围绕信息安全和保密管理等工作重心，捷信内部控制部门完善了《信息安全策略》，规范公司客户信息安全管理工作，确保客户信息安全、保护客户合法权益。同时，协调各相关部门讨论数据传输过程中的注意事项，针对不同性质的信息资产建立了相应的传输和审批标准，并督促《信息资产管理标准》《IT安全合规性指引》和《访问权限控制规定》的修订及审批进度，有效落实分等级信息管理和信息系统访问权限管理，进而防范风险，保障客户信息安全。

三、投身金融教育提升消费者金融素养

（一）将金融知识送往最需要的贫困农村地区

为有效提升居民基础金融素质、改善金融生态环境并提高现代金融服务在贫困地区的可获得性，捷信携手中国金融教育发展基金会，分别开展了：

1. 吕梁山集中连片特困区"金惠工程"农村金融知识教育普及项目

2017年5月，捷信首度与基金会开展合作，捐资人民币600万元，在北京启

动了为期三年的"吕梁山集中连片特困区'金惠工程'农村金融知识教育普及项目"。项目覆盖山西、陕西两省20个国家级贫困县共225个乡镇。通过集中培训授课、组织研讨会、走访农户家庭、发放金融知识宣传材料等丰富多样的形式，对该地区干部群众和学生开展了各类金融知识普及活动。累计覆盖当地群众300万人次。

2. 助推金融知识纳入国民教育体系项目

2018年，捷信捐资100万元，和基金会共同启动了"助推金融知识纳入国民教育体系项目"，向山西省15个贫困县的15所小学捐赠了《金融与诚信》读本26000册，并在13所学校建立了金融E教室，向五六年级的小学生进行基础金融知识课堂教学。同时，还在山西省隰县建立了金融教育培训基地，为山西省电商及村干部共800余人提供了金融知识培训。

3. 江西、福建、湖北三省"金惠工程"项目

2019年，捷信捐资300万元，与基金会合作启动了"金融教育助力乡村振兴——暨领导干部赋能培训计划以及金融E课堂建设项目"。项目覆盖江西、福建、湖北三省共59个贫困县的892个乡镇。

图4-62 "金惠工程"向农村群众、干部、学生、基层金融从业者有针对性地传播金融知识

自2019年4月项目在江西启动以来，共计约1500名县乡村干部参加了针对基层领导干部的金融课题培训，课题内容包含：村干部应知金融常识、创新金融

科技助力普惠金融、消费金融、保险助力乡村振兴、乡村干部有效沟通、小额贷款服务普惠金融、精准扶贫等。希望以他们为星星之火，将金融知识传播到贫困农村地区的基层群众，从而大力提升区域群众的金融素养。

图 4-63　"金惠工程"捷信志愿者日活动在陕西榆林举办，吸引逾 200 名群众到场

（二）走进全国社区普及金融知识，开展日常线上消费者金融教育

捷信逐步打造并完善了以"金融蒲公英""金融大篷车""小小金融家"和"捷信杯大学生学术创新实践大赛"为代表的四大主题鲜明的金融知识普及教育品牌项目，帮助社会上的不同群体，尤其是未被传统金融服务所覆盖的人群获取金融常识。2019年，公司在全国范围内持续开展了107场金融知识普及活动，覆盖29个省市及自治区的68个城市，现场参与活动人数超过10000人。

同时，公司还通过官方微信、微博、贴吧、抖音等平台围绕"3·15消费者权益日"等相关活动主题制定图文、漫画等多样化、个性化宣传内容，有效地传播保护个人征信、合理规划财产、选择安全贷款、防范金融诈骗等生活中各类常用的金融常识，对消费者进行全方位的金融教育。

2019年4月，捷信首度推出在线金融教育游戏——"捷信学苑"，旨在针对年轻消费群体进行金融知识教育。截至2019年12月，该游戏吸引了20万用户参与。游戏选取了包括管理家庭预算、解决债务问题、金融合同安全等贴近生活的金融常识，设置了闯关答题的互动环节，能立刻检验学习效果。

图 4-64　2019 年，捷信在线发布免费金融知识游戏"捷信学苑"，捷信在官方微信公众号及抖音账号上发布原创的金融知识

中航信托：全心权益　专注为您

在数字经济的大背景下，金融消费者权益保护工作的方式方法也在发生深刻的变化。金融企业需要充分利用现代信息技术不断提升业务流程、产品服务数字化能力，更加深入地了解金融消费者需求与体验，更加广泛地开展投资者教育宣传，更加高效地为金融消费者财产安全权、知情权、自主选择权、公平交易权、信息安全权等各项合法权益提供全方位保障。

一、积极发挥线上传播优势，大力宣传金融消保知识

2019年，公司充分利用互联网平台的传播优势，积极发挥公司微信公众号传播媒介作用，积极创新宣传方式，针对金融消费者八项权利的特点，设立了通俗易懂、易于传播的"金融消费者八项权利"主题海报，并策划了"金融消费者八项权利"主题海报集赞有奖宣传活动，活动影响广泛，传播近万人次。

图 4-65　"金融消费者八项权利"主题海报

2020年，中航信托持续为消费者开辟多渠道数字化宣传途径，力求为更加广泛的金融消费者传播金融知识。一方面，通过微信公众平台发布"3·15"消保专题微信、自主设计宣传漫画、短信等媒介为消费者普及金融知识，防范理财风险；另一方面，组织开展"中航信托'3·15'金融消费者权益保护知识竞答活动"，借助微信有奖竞答的活动方式，寓教于乐，本次竞答活动超过2万人参与，取得良好的金融知识传播效果。《中国银行保险报》《江西日报》等媒体对公司"3·15"金融消保宣传教育工作进行了报道。

图 4-66　　"中航信托'3·15'金融消费者权益保护知识竞答活动"及部分媒体报道

二、充分关注客户需求，提升一体化数字服务能力

2020年，面对疫情防控的严峻形势，为减少用户办理业务出门频率，协助客户做好疫情防护，公司制订了特殊时期金融消费者应急服务方案，积极引导客户转至公司线上平台办理业务，通过中航信托客服热线、中航财富微信公众号人工客服、智能客服等线上服务平台，切实保障咨询服务及时到位、业务办理及时到位、信息披露及时到位、产品清算分配及时到位。同时，积极应对环境变化和客户需求，第一时间推出内容丰富的中航财富系列公开课、线上好书畅享悦读、健康义诊等增值服务，为疫情防控期广大客户和社会公众避免集聚风险的同时，提供了涵盖精神财富和健康财富于一体的温暖在线服务。

融360：线上线下两手抓，投保知识进万家

融360历来重视消费者金融安全教育，帮助提升大众金融安全意识。在让每一个有金融需求的个人和小微企业，在融360平台享受到简单、安全、便捷、高质高效的金融服务的同时，融360还致力于投资者教育，通过制定立体有趣、精简全面的多个防骗短视频系列以及融360大数据研究院发布的贷款、理财、信用卡、房贷、普惠金融指数等相关的免费金融报告，帮助大众提升财商和金融技能。

此外，融360持续开展防范非法集资宣教和金融安全知识进机关、进街道、进社区、进学校、进楼宇等系列宣教活动，向群众普及金融安全知识，帮助群众看好守住自己的"钱袋子"。

一、线上短视频集锦亿级播放量　知识普及和防骗教育两手抓

融360进行了全方位的用户调研，在了解互联网金融用户的客群特色和主要需求后，制作了一系列精良的短视频集锦，并在十个主流视频流量平台播出，争取覆盖更多的用户。

（一）《百骗大扒秀》系列短视频

2015年8月，融360出品了《百骗大扒秀》系列短视频栏目，专注金融消费者教育，每集4分钟，内容涵盖房产、理财、信用卡、贷款等理财知识，同时汇集近年来最典型的金融诈骗和理财骗局，被网友称为"金融骗局大百科"。

图 4-67　《百骗大扒秀》短视频剪影

迄今为止，共播出200期，在今日头条、腾讯视频、优酷视频、百家号等十余个主流短视频平台播出，累计播放量4亿，先后被评为大鱼"金V创作者"、今日头条"财经领域最具影响力创作者"、网易"最佳短视频自媒体"，长期占据财经自媒体榜单TOP10，被《第一财经》等主流媒体多次转载，并于2019年在北京地铁十余条线路公益播出。

（二）《神探大妈》短视频栏目

2019年9月起，融360制作了一档专注于揭秘骗局的短视频栏目，主要发布在抖音平台，覆盖快手、西瓜、火山等平台，截至2020年2月，累计播出超过70期，总计播放量超过5亿，累计粉丝量超过462万，点赞数超过2290万。

图4-68　《神探大妈》短视频抖音截图

《神探大妈》塑造了神探大妈极具亲和力和正义感的角色形象，为用户揭秘生活中一幕幕防不胜防的骗局，融合知识性、趣味性、实用性于一体，深受观众喜爱。该形象也受到主流媒体关注，先后被澎湃新闻、《人民日报》、《北京青年报》等机构媒体报道和转载，被十多家公检法官方微博、微信转发，并获邀赴黑龙江卫视作为主嘉宾录制综艺栏目《驿站》。

除此之外，融360还在2016年盘点了各类金融诈骗的手段并总结出了应对方式，结合有趣的海报形式产出了一系列的《防骗红宝书》，公安部及北京市公安局官方微博带头转发，并带动了全国半数以上省市区公检法部门在微博上进行刷屏式转发并感谢融360在打击诈骗犯罪方面的内容贡献，同时也得到了广大网友的认可。

二、走进群众实地宣教　保护群众的"钱袋子"

融360提供了非常具有可读性的投资者教育资料和宣传画册，如《金融防骗手册》和《防骗宝典》等，走进贫困地区、革命老区、校园社区等开展公益宣传活动，帮助各类人群识别金融诈骗和非法集资，保证群众财产安全，降低被骗风险。

（一）融360金融《防骗宝典》走进大山

2019年8月，融360集团党委深入井冈山革命老区，开展"不忘初心　牢记使命——铭记峥嵘岁月，传承红色基因"党建活动，同时在茨坪开展融360金融防骗公益宣传活动，获得了当地群众的积极支持和参与。"扶贫"更要"扶智"，融360发布的金融《防骗宝典》广受革命老

图4-69　《防骗宝典》走进革命老区

区群众欢迎，《防骗宝典》很快被抢领一空。

（二）防范非法集资宣传展示活动

2019年11月，为深入落实金融安全宣传教育工作，海淀区金融办开展防范非法集资宣传展示活动，展览宣传内容由融360提供。活动现场集中展示了20个非法集资典型案例，将理论知识以漫画的形式深入浅出地表现出来，并详细介绍了各类非法集资的常见手段和应对措施，得到了参观展览的各机关工作人员的高度认同。

智融集团：打造IP形象，推《智多猩金融指南》系列漫画践行金融知识普及

近年来，随着大数据、人工智能等技术的不断运用，金融市场不断深化发展，金融产品与服务日益普及并渗透到社会生活的各个方面。但由于我国金融消费者对各类金融知识掌握不充分，难以识别日益复杂的金融风险，导致非法集资、欺诈销售等金融乱象屡有发生。根据国家金融与发展实验室发布的《金融消费者教育现状与展望》报告显示，目前我国有大量消费者金融素养不足，近65%的消费者意识到自身金融知识不够。因此，金融消费者教育的必要性和重要性日益凸显。

自2018年起，智融集团便开启了金融消费者权益保护工作，以金融知识普及为切入口，推出了"用户教育"相关项目，塑造了用户教育IP"智多猩"，并连续产出了有较强传播性的系列栏目——金融消费者教育漫画《智多猩金融指南》。迄今为止，智融集团的"用户教育"项目已经开展近两年之久，获得了社会各界的支持与认可。

图 4-70　《智多猩金融指南》

　　《智多猩金融指南》打造出了完整的金融知识普及链条，以通俗易懂的漫画剧情，将征信信用、理性借贷、合理消费、信息安全、投资理财（风险教育）等实用金融知识融入生活场景，降低了用户学习金融知识的门槛，从根本上提升用户信用诚信意识，帮助用户树立科学的金融理念。助力普惠金融，进一步推进了金融教育事业的发展，为提高国民金融素养贡献一份力量。

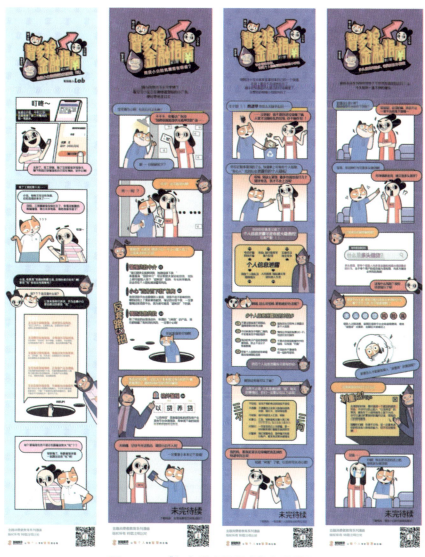

图 4-71　《智多猩金融指南》部分漫画

萨摩耶金服：努力践行社会责任　引领消费者权益保护新潮流

移动互联网的高速发展，不仅提升了社会经济效率，也极大地方便了人们的生活。然而，有些不法分子借助互联网便捷方式侵害消费者的权益。对此，萨摩耶金服近年来推出了一系列消费者权益保护措施，进一步推动消费者权益保护工作，做好新冠肺炎疫情防控期间的金融服务和保障工作，不断增强金融消费者自我保护意识和风险防范能力。

一、多渠道多方式应对诈骗事件　保护消费者合法权益

在长期消费者权益保护工作中，发现各类网络诈骗方式层出不穷，严重损害了消费者合法权益。发现此类诈骗事件后，公司会第一时间在官网、微信公众号、微博、贴吧、产品APP等官方全渠道发布防骗公告，全方位触达用户，防止更多用户被骗。

图 4-72　预防诈骗公告

防诈骗传播：将诈骗事件撰写成案例、制作成漫画和视频等形式在网络平台进行传播，防止更多金融消费者被骗。

图 4-73　防诈典型案例传播

二、推出"防骗情报局"，宣传防骗知识　提升消费者权益保护意识

在提升金融消费者金融权益保护过程中，萨摩耶金服用新颖的方式帮助年轻用户群体更好地了解防骗知识，积极引导大众了解网络流行诈骗手法，增强风险防范意识，提高风险识别能力。

防骗小程序：通过新闻、视频、漫画形式在"防骗情报局"小程序上宣传防骗小知识。为了提高用户参与度，让其深入了解防骗知识，"防骗情报局"小程序在用户学习的过程中设置了相应的积分，每条短视频或文章都可获得10个积分，当其达到一定数量后就可以用于兑换品牌相关周边产品。

抖音视频：将防骗内容制作成抖音视频进行传播，寓教于乐，使传播更加高效。

防骗漫画：制作系列防骗漫画，生动形象地展示骗子诈骗的关键环节，让消费者轻松学习防骗知识，提升防骗意识。

京东数科：建立金融消费者权益保护顶层架构，开展各项权益保护工作

一、成立消费者权益保护部

京东数科于2019年成立消费者权益保护部，主要职责为推动消费者权益保护建设工作，全面保护消费者权益。2019年消费者权益保护部举办了《金融消费者权益保护》专题讲座，培训受众覆盖了业务、市场、商务、产品、研发、运营、风险等各个部门业务骨干人员，并严格要求员工认真学习培训内容，在实际工作中严格落实金融消费者权益保护工作要点。此外，消费者权益保护部联合相关部门开展金融消费者外部宣传活动，在3月、6月、9月等重要宣传节点，通过线上线下渠道，多维度多角度进行金融消费者宣传教育工作。

二、制定《防诈骗》专题宣传工作

消费者权益保护部制作防诈骗专题宣传漫画，防诈秘籍漫画第一期《防诈骗小课堂》在京东数科内部公众号、微博等渠道进行宣传，阅读量累计1500万。防诈秘籍漫画第二期《这些事情客服不会做！》在人民网公众号、数科安全课堂、京东金融客服、小京灵防诈骗专栏等多个平台发布宣传，阅读量累计2002万。

图 4-74　《防诈骗小课堂》

三、向京东金融用户免费提供账户安全百万保障

为京东金融APP上所有实名认证用户免费送上一份账户安全百万保障，用一份"看得见"的保障，为用户抵挡"看不见"的风险。因京东金融账户及账户绑定银行卡被盗刷发生资金损失，用户可以通过京东金融APP进行理赔报案申请，盗刷情况一经核实，保障范围内的资金损失将全额赔付。用户可以点击京东金融APP页面上方搜索栏，输入"账户安全百万保障"快速进入安全保障权益页面，一键进行"报案申报"，也可拨打京东金融官方客服电话：95118代客户报案，报案后可实时查询处理进度。

图4-75　百万安全保障

四、倾听客户声音

消费者权益保护部组织中高级管理者及产研人员1100人，亲临客服中心，倾听客户声音，为产品的优化及完善提供养分，全年输出优化700多条，加快了产品完善进度，大幅度降低客诉量。

小米金融：发挥金融科技优势　助力用户权益维护

作为小米集团旗下的金融科技服务平台，小米金融秉承小米集团之于用户的服务初衷，积极践行社会责任，始终将保护金融消费者的权益视为所肩负的责任和义务。小米金融积极响应行业多方倡议，利用自身在金融科技领域的优势，在与相关部门积极配合打击侵权犯罪行为的同时，通过官方自媒体等渠道进行宣教，旨在提高广大金融消费者的防范意识，切实维护用户的合法权益。

一、加入ISWG，共同发布反诈倡议书

2019年12月，在公安部刑侦局发布会上，小米金融加入ISWG（Internet Security Working Group，简称"互联网企业安全工作组"），并与阿里巴巴集团、蚂蚁金服、度小满、360金融共同发布反诈倡议书。小米金融积极发挥在大数据、人工智能、区块链、5G等领域的互联网优势，从自身做起，提升反诈工作品质。同时，未来也将继续致力于与行业一道携手共治，加强多维度合作，切实做好反欺诈宣传，防范打击电信网络诈骗行为。

图 4-76　倡议书发布现场

二、自媒体全方位系列式宣教

2020年“3·15”国际消费者权益日前夕，小米金融对“网购退货”“购买理财或保险”“代办信用卡”“贷款诈骗案”“冒充公检法”“被熟人诈骗”等网络电信诈骗和伪冒APP等两大类骗局，从真实案例出发，通过图文并茂的传播形式进行了积极宣教，旨在提高广大用户的防骗意识，切实维护用户的合法权益。

1. 微博端：设立“防骗智多星”栏目，辐射用户约15万

小米金融
#防骗智多星# 你是否曾遇到过冒充银行、公安、医院等人员的诈骗行为呢？今天小金就要跟各位聊聊，如何警惕这类冒充公检法的诈骗~
关注并转发这条微博，小金有小礼物送上哦~ 抽奖详情
03月12日 15:22 来自 微博 weibo.com

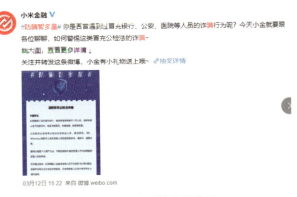

图 4–77　官方微博传播截图

2. 微信端：打造“教你识骗局”主题，辐射用户约30万

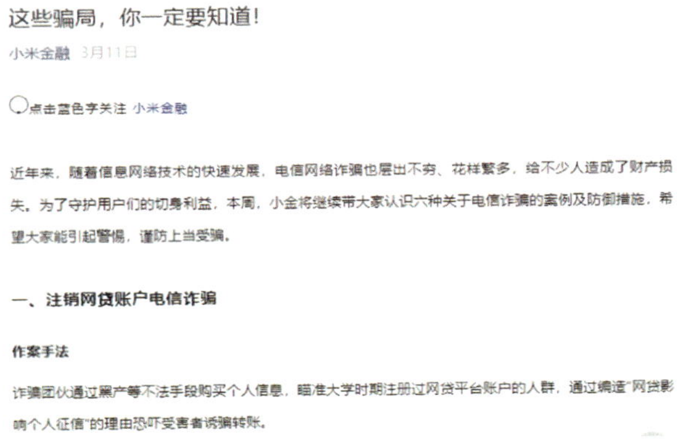

这些骗局，你一定要知道！
小米金融 3月11日
点击蓝色字关注 小米金融
近年来，随着信息网络技术的快速发展，电信网络诈骗也层出不穷、花样繁多，给不少人造成了财产损失。为了守护用户们的切身利益，本周，小金将继续带大家认识六种关于电信诈骗的案例及防御措施，希望大家能引起警惕，谨防上当受骗。
一、注销网贷账户电信诈骗
作案手法
诈骗团伙通过黑产等不法手段购买个人信息，瞄准大学时期注册过网贷平台账户的人群，通过编造“网贷影响个人征信”的理由恐吓受害者诱骗转账。

图 4–78　官方微信传播截图

3. "小米金融" APP、"小米贷款" APP端

首页或支用页面弹窗式的提醒，同步设立专题（防诈骗指南）宣传窗口。

图 4-79　小米贷款 APP 端宣传内容展示

黑猫投诉：消费维权+金融防骗科普双管齐下，净化金融行业消费环境

黑猫投诉是新浪旗下消费者服务平台，消费者能够随时反馈消费过程中遇到的各种纠纷，得到企业反馈和专业律师指导，提升消费体验。同时，平台积极履行社会责任，在协助解决消费纠纷的同时，还积极开展了一系列金融消费者教育。

一、第三方消费纠纷处理平台，保护金融消费者合法权益

黑猫投诉平台利用微博及新浪整体优势，用产品化的方式及时、准确地将消费者诉求对接给相关企业，协助双方高效沟通，解决消费中遇到的纠纷。目前已入驻的金融、支付行业企业近800家。自2018年1月30日上线截至2020年3月27日，共收到金融、支付行业有效投诉4万余单，占平台整体投诉量的27.47%，其中247322单投诉成功解决。

二、数据榜单发布+媒体联合曝光，督促企业解决投诉

为更高效解决消费者投诉，黑猫投诉平台推出企业"红黑榜"，实现企业信誉全透明化。黑猫投诉"红黑榜"的推出，一方面可以为广大消费者提供参

图 4-80　黑猫投诉"红黑榜"

考，另一方面也是对提供优质服务企业的褒奖，对不负责任企业的曝光。同时通过与《中国消费者报》、《经济观察报》、《证券日报》、《经济日报》、《华夏时报》、每日经济新闻、财经网等媒体联动，不断督促企业解决投诉，帮助消费者解决问题。

三、核实仿冒产品，提供维权建议

除了解决日常消费者与企业之间的消费纠纷，黑猫利用自身平台优势，与企业保持沟通，发现了多个企业的产品存在被仿冒的情况。为避免虚假产品持续扩散侵害广大群众的财产安全，黑猫平台对涉嫌仿冒的平台进行全站曝光，提示消费者预防上当并及时报警。

图 4-81　官微曝光仿冒平台

四、科普消保知识，帮助消费者预防金融诈骗

黑猫投诉平台通过日常运营发现，很多用户对金融安全知识了解有所欠缺，因此平台开辟了黑猫课堂系列栏目，产出多种形式的消费者金融安全教育内容，提高消费者的防骗意识，增强金融知识的学习。截至2020年3月，黑猫课堂话题累计阅读量2.1亿，讨论量2.5万。

图 4-82　黑猫课堂

　　"3·15"期间，黑猫投诉发起全民反诈行动，与公安部刑侦局、中国警方在线、腾讯守护者计划、支付宝、京东金融等多个政府部门及金融平台合作，联合发布防骗指南，引导广大群众理性消费，谨防诈骗。今天我们不好骗话题阅读量1.7亿，讨论量3万。

图 4-83　今天我们不好骗

中国互联网金融协会：担当行业自律组织职责，多措并举做好金融消费者教育活动

金融消费者教育是一项长期的社会系统工程，中国互联网金融协会（以下简称协会）自成立伊始，就把金融消费者知识普及教育作为互联网金融行业自律组织的重要职责，持续开展金融知识普及宣传，通过专项金融消费者教育活动和风险提示、公益广告及公开课传播、行业基础设施建设等举措，不断提高协会在互联网金融消费者教育工作方面的信息化、专业化和规范化水平，帮助金融消费者增强自我保护意识和风险防范能力。

一、开展有针对性的专项金融消费者教育活动

（一）积极参与国家部委和地方政府组织的培训

协会先后配合举办了国家安全部系统金融培训班、国家外汇管理局系统依法行政培训班、中国证监会打非局专题学习讲座、广东省韶关市委理论学习中心组金融知识专题报告会、安徽省委组织部全省金融专题培训班、北京市海淀区委组织部处级干部专题培训班等，在上述国家部委和地方政府培训讲座中，协会输送的师资就互联网金融规范发展、互联网金融风险专项整治和行业自律实践进行授课和经验分享，提出金融管理部门和行业协会应始终注重规范和引导从业机构强化金融消费者保护，着力提升社会公众数字金融素养，践行"金融为民"理念的建议。

（二）多次组织开展"互联网金融知识进会员"活动

协会赴腾讯公司、盛京银行、盛银消费等会员单位对企业高管开展互联网金融监管政策培训，帮助互联网金融从业机构了解反洗钱政策形势、挑战和任务，提高从业机构的合规意识。此外，协会在官网设立了互联网金融反洗钱和反恐怖融资专栏，定期更新反洗钱制度和动态，帮助从业机构建立健全反洗钱和反恐怖融资风险管理和内控合规机制，提升反洗钱和反恐怖融资工作效能。

（三）持续开展"互联网金融知识进校园"系列公益教育讲座

针对大学校园里出现的"校园贷""现金贷""求职贷""套路贷"等乱象，协会走进大学高校开展"互联网金融知识进校园"系列公益教育讲座，引导大学生群体树立正确的消费观念，提高防范金融风险和正确使用金融服务的能力。2017年9月以来，协会在天津、武汉、长春、北京、杭州、广州、南京、合肥、南昌等地的高校举办13场讲座，2万余名师生在现场及线上教育平台参加讲座。

（四）组织开展"互联网金融知识进军营"活动

2019年3月，协会联合中国工商银行北京分行、中国人民解放军战略支援部队举办"强化风险意识，掌握金融知识，有效防范互联网金融风险"公益活动，将非法集资、打着互联网金融幌子进行诈骗的典型案例以展板的形式在战略支援部队某部营区进行宣传，并在"中国战略支援"微信公众号进行集中展示。帮助部队官兵提高识别虚假信息和防范风险的意识和能力。以本次活动的宣传内容为基础，中国工商银行北京分行营业网点向消费者发放案例教育宣传画册，并在银行柜台进行展示宣讲，进一步广泛传播相关互联网金融知识。

二、利用网络和媒体拓宽宣传范围，加强对金融消费者教育和保护

（一）集中开展防范非法集资宣传月活动

为引导社会公众增强金融风险防范和自我保护意识，自觉抵制非法集资，协会联合处置非法集资部际联席会议办公室，从2019年5月1日起持续开展为期一个月的防范非法集资系列宣传活动。一是制作知识漫画，展播公益广告。协会将防范非法集资知识改编为适于普通金融消费者阅读和传播的漫画，并筛选制作公益广告作品9个，分别于5月5日、5月15日、5月25日通过协会官网和微信公众号集中发布，上述宣传材料在协会微信公众号阅读量3万余次，协会官网浏览量10万余次，同时，经会员单位及各类机构广泛编辑转载，已累计被浏览逾千万次。二是组织推动会员单位参与宣传。协会向全体会员单位郑重发出开展防范非法集资宣传倡议。数百家会员单位按照倡议要求，积极投入各类宣传活

动。华夏银行、安信证券、国金证券等传统金融机构广泛动员其各地分支机构开展相关宣传，并大力传播协会制作的宣传材料。百度、开鑫金服等互联网机构开展了多形式、多渠道、线上线下相结合的宣传活动，包括在多家纸媒刊登非法集资典型案例报道，在短视频平台传播自制防范非法集资知识小视频等。三是组织协调社会各界合力开展宣传活动。经协会协调沟通，人民网、金融时报、经济参考报等官方媒体及百余家自媒体纷纷刊载相关宣传内容，腾讯网、柒财经等媒体根据协会所提供材料制作了教育视频、微信专题等多种丰富的宣传内容。北京海淀区金融办、天津高新区等地方政府及部门微信公众号，公安天津经侦、广东韶关市人民检察院等公检法系统微信公众号及时转载了协会防范非法集资宣传内容。

（二）适时发布风险提示，提高社会公众风险认知水平，切实履行投资者教育职责

2017年，随着比特币等虚拟币价格的持续上涨，各类以ICO名义进行筹资的项目异常活跃。协会高度关注ICO发展态势和风险应对，及时组织政产学各方专家进行闭门研讨，部署专门力量开展深入研究。2017年8月30日晚，协会在官方网站及微信公众号同时发布《关于防范各类以ICO名义吸收投资相关风险的提示》，并推送给60余家媒体同步转载该风险提示，提醒广大投资者应保持清醒，提高警惕，谨防上当受骗，并要求协会会员单位主动加强自律，抵制违法违规的金融行为。4天内，协会官方渠道发布的上述风险提示访问量已超过20万次，被人民网、新华网、中央人民广播电台、金融时报、证券时报、参考消息、中国新闻网、中国网、中国经济网、澎湃、新京报、北京晨报、上海证券报、华夏时报、香港文汇报、21世纪经济报道、和讯网、第一财经、财新、新浪、网易、搜狐、腾讯、凤凰等众多媒体转载，并有600余个微信公众号进行了转发。此外，英国《金融时报》、美国CNBC等全球著名财经媒体就协会发布ICO风险提示也进行了专门报道。

此后，协会持续充分发挥平台优势，及时针对虚拟货币、网络小额现金贷款、变相ICO活动、境外ICO和"虚拟货币"交易、变相"现金贷"、非法互联网外汇按金交易、网络借贷不实广告宣传、以区块链名义进行ICO与"虚拟货

币"交易活动等情况进行风险提示，多次受到人民日报、新华社和中央电视台等权威媒体第一时间报道及业内外广泛关注，有力地助力震慑纠正市场乱象，提高社会公众风险认知水平和自觉抵制非法金融活动意识。

（三）加强金融广告治理，制作推出《请明辨互联网金融广告的真假》公益宣传广告

2018年"3·15"期间，协会与中国人民银行金融消费权益保护局、国家新闻出版广电总局联合制作发布公益宣传广告《请明辨互联网金融广告的真假》，并在中央电视台多个频道循环播放。公益宣传广告的推出加强了金融广告治理，帮助金融消费者明辨金融广告的真实性、合法性，避免盲目投资、冲动交易，进一步提升了金融消费者识别非法金融广告的能力和风险意识。

（四）制作推出"互联网金融消费者（投资者）教育"公开课

协会联合中央电视台证券资讯频道围绕互联网金融基本知识、风险防范、产品选择、案例解析、非法集资等主题制作推出14集"互联网金融消费者（投资者）教育公开课"，于2017年12月8日在中央电视台证券资讯频道首播，通过中央电视台证券资讯频道、优酷、腾讯视频、爱奇艺以及协会网站和微信公众号等进行播放，有效增加了互联网金融知识普及的受众群体，协会官网累积点击率达70万次。

三、开通互联网金融举报信息平台，充分发挥社会监督作用

为落实人民银行等十部委联合发布的《关于促进互联网金融健康发展的指导意见》（银发〔2015〕221号）要求，配合互联网金融规范、整顿工作，充分发挥社会公众监督和行业自律作用，协会于2016年10月开通互联网金融举报信息平台（以下简称举报平台）。举报平台主要实现三大功能：一是为举报人提供以网站为主的举报路径；二是为互联网金融风险专项整治领导小组办公室（包括各地方领导小组办公室，以下简称整治办）及中国互联网金融协会提供举报信息收集、分转、处理、反馈、统计等信息管理功能；三是为受理机构提供举报信息接收管理、处理结果反馈、汇总统计等功能。

互联网金融举报信息平台开通以来，充分调动了包括金融消费者在内的社

会力量，及时收集上报有关线索信息，对互联网金融领域涉嫌侵害消费者权益进行监督。仅2019年收集举报信息近10万条，其中畸高息费、不当催收、侵犯个人隐私问题合计占比87%（其中，涉及"校园贷"的此类问题占比1%），虚构借款人及标的等P2P网贷平台相关问题占比8%，互联网支付相关问题占比1.5%，互联网平台与各类交易场所合作从事违法违规业务、代币发行融资问题分别占比0.8%和0.7%，其他问题（包括举报内容描述不清晰的情况）占比约2%。截至2020年10月，该平台累计收到举报信息逾41万条，转发至监管部门有效举报信息37万余条。

四、完善行业基础设施建设，建立互联网金融风险防控和监管长效机制

（一）多措并举大力推进互联网金融信息共享平台建设与发展

根据《国务院关于印发社会信用体系建设规划纲要（2014—2020年）的通知》（国发〔2014〕21号）中提出的"发挥行业协会在行业信用建设中的作用"要求，2016年9月，协会组织建设的互联网金融信息共享平台正式开通。互联网金融信息共享平台将从业机构的数据进行采集与整合，形成统一的行业信息共享体系，解决了行业发展中存在的信息孤岛问题，有效帮助相关机构提高风险意识和风控能力。

（二）持续发挥好全国互联网金融登记披露服务平台信息披露作用

按照2015年7月人民银行等十部委发布的《关于促进互联网金融健康发展的指导意见》有关要求和国务院互联网金融风险专项整治工作部署，依据《网络借贷信息中介机构业务活动管理暂行办法》等要求，协会在监管部门指导下，积极研究制订信息披露和产品登记业务标准和配套自律规则，在2017年6月建立了集中式、防篡改的全国互联网金融登记披露服务平台，并于2019年全面投产，实现了网贷机构的机构信息、运营信息、项目信息公开披露以及借贷合同登记，为社会公众提供了权威的查询入口，帮助金融消费者更好地甄别风险。

（三）通过反洗钱和反恐怖融资信息登记系统维护消费者财产权益

2018年10月10日，人民银行、银保监会、证监会联合发布《互联网金融

从业机构反洗钱和反恐怖融资管理办法（试行）》（以下简称《办法》），办法自2019年1月1日起施行。据《办法》要求，协会负责完成开发互联网金融从业机构履行反洗钱和反恐怖融资信息登记系统。反洗钱和反恐怖融资信息登记系统分三期开发：一期解决从业机构履职登记和大额可疑交易数据信息收集问题；二期解决非现场监管数据采集；三期解决从业机构评级、风险评估等问题。其中一期系统分两大模块：登记平台和监测数据报送，分步解决从业机构履职登记问题和大额可疑交易数据信息收集问题。网络监测平台第一期第一阶段履职登记功能自2019年1月11日上线试运行以来运行良好，从业机构以反洗钱履职登记等方式接入平台顺利。下一步，协会将按照反洗钱中心工作安排，及时启动网络监测平台一期二阶段监测功能的开发建设，从而实现从业机构通过互联网向反洗钱中心报告大额和可疑交易报告数据等基本功能，督促从业机构实质性履行反洗钱义务。

（四）设计开发"金融广告随手拍"小程序

2019年12月，人民银行、银保监会、证监会与外汇管理局联合发布了《关于进一步规范金融营销宣传行为的通知》（银发〔2019〕316号，简称《通知》），统一明确了金融营销宣传行为监管要求。为推动《通知》落地实施，在人民银行金融消费权益保护局的专业指导下，协会设计开发了"金融广告随手拍"小程序，社会公众可通过该程序上传疑似违法违规金融营销宣传活动信息。

五、开展移动金融客户端应用软件自律管理工作

按照中国人民银行银发〔2019〕237号文《关于发布金融行业标准 加强移动金融客户端应用软件安全管理的通知》要求，协会承担移动金融客户端应用软件自律管理工作，包括对金融类APP的安全性稳定性、采集金融消费者数据的合法性合理性等进行测试和公示，处置金融消费者对于金融类APP的投诉等。协会将按照金融消费者权益保护相关规定，完善客户端软件投诉处理机制，按照"有人理诉，有序办诉，高效处诉"的工作原则，规范受理渠道和办理流程，及时处理投诉建议。同时完善投诉调查取证和转移处理机制，通过机构核实、现场检查、技术检测、专家评议等方式进行查证，对查证属实的督促

金融机构做好整改。截至2020年11月，共有4416家机构在备案系统注册并登记了2052个APP的信息。其中，3819家机构信息、1676款APP信息（除外部评估报告）已通过审核。已发布71家机构的202款备案APP（https://mftp.nifa.org.cn），7家机构的16款APP公示结束待发布。

后　记

欣闻《数字金融消费者权益保护实践与探索》付梓，在此由衷地表示祝贺！感谢中国互联网金融协会金融消费权益保护与教育培训专委会的倡议与组织，给从业企业提供了一个极其重要的思考、总结与沉淀的机会！

党的十八大以来，以习近平同志为核心的党中央始终坚持以人民为中心的发展理念，深化金融改革与创新，大力倡导和发展绿色金融、普惠金融、农村金融、科技金融，开创了金融服务社会的新时代。伴随科技的迅猛迭代，数字技术与金融深度融合，数字金融蓬勃向前，不断缔造行业神话，与此同时，我们也看到保护金融消费者合法权益仍然任重道远。习近平总书记在2019年G20数字经济特别会议上指出，数字经济发展日新月异，深刻重塑世界经济和人类社会面貌，要共同完善数据治理规则。《数字金融消费者权益保护实践与探索》正是一线从业者对完善数字金融消费者权益保护工作的有益贡献，其中既有务实的调研分析，也有一定的理论思考与域外经验考察，希望他们的工作成果能为众多数字金融从业者提供借鉴。

共建金融消费者权益保护的治理框架，不仅是政府监管机构的工作，更是每一个金融机构应当积极贡献智慧和力量的事业。支付宝从成立的第一天起，就是为了解决消费者的问题，致力于实践"客户第一"的价值追求，致力于用技术解决问题，回报社会，为生活带来微笑而美好的改变。

为此，我们率先履行"你敢付，我敢赔"的郑重承诺，搭建以"信任"为基础的发展框架，并将多年持续积累的区块链、人工智能、系统安全等多项核心技术能力向整个生态开放，让治理更高效，经济更繁荣，生活更美好。此外，我们高度关注金融知识的普惠教育，发起了覆盖100个乡村、100个工厂、100所学校、100个社区的金融"扫雷行动"，联合多家机构启动消费者权益保护公益联盟"星海计划"，以形式活泼，载体丰富的教育形式，触达更多人群，广泛提升消费者金融素养与抗风险能力。

2020年，注定是不平凡的一年，在党中央、国务院的坚强领导下，我国抗击新冠肺炎疫情取得战略性成果。大灾面前有大爱，各行各业凝心聚力，全国人民众志成城。作为金融科技的排头兵，支付宝全力以赴"数字抗疫"，充分发挥AI算力，第一时间研发"健康码"，支持31个省、自治区、直辖市发放消费券，无接触贷款助力小微企业渡过难关，为经济全面恢复提振信心。正如联合国可持续发展目标数字金融工作组报告中提及的，在新冠病毒危机中，数字技术成为数亿人的生命线，我们用暖科技走出了一条技术抗击疫情之路。

过去20年，我们一直致力于数字经济的基础设施建设，与社会发展脉搏同频共振，融化在整个社会经济、社会生活、城市治理的方方面面。疫情之后，我们将继续努力，为了我们身边的消费者，用我们的商业力量、技术力量、创新的思维，为他们服务得更多一点、服务得更好一点。

蚂蚁集团CEO　胡晓明